● 国家社科基金项目（18BGL162）阶段性成果；
● 内蒙古哲学社会科学规划项目二十大专项"内蒙古促进数字经济与实体经济深度融合的机理与实现路径研究"（2023ZZB047）成果；
● 中蒙俄经济走廊研究协同创新中心项目"数字经济背景下中俄服务贸易国际竞争力评价与合作路径研究"（ZMEY202218）成果；
● "碳循环经济背景下中蒙农业合作绿色发展路径研究"成果。

中蒙俄农业合作绿色发展研究

鑫颖　侯淑霞　钟敏　著

中国商务出版社
CHINA COMMERCE AND TRADE PRESS

图书在版编目（CIP）数据

中蒙俄农业合作绿色发展研究 / 鑫颖, 侯淑霞, 钟
敏著. — 北京 : 中国商务出版社, 2022.12
ISBN 978-7-5103-4623-1

Ⅰ . ①中… Ⅱ . ①鑫… ②侯… ③钟… Ⅲ . ①农业合
作—经济合作—研究—中国、蒙古、俄罗斯 Ⅳ .
①F323 ②F331.13 ③F351.23

中国版本图书馆CIP数据核字(2022)第245425号

中蒙俄农业合作绿色发展研究
ZHONG-MENG-E NONGYE HEZUO LÜSE FAZHAN YANJIU

鑫颖　侯淑霞　钟敏　著

出　　　版：	中国商务出版社	
地　　　址：	北京市东城区安外东后巷 28 号	邮　编：100710
责任部门：	教育事业部（010-64255862　cctpswb@163.com）	
策划编辑：	刘文捷	
责任编辑：	刘　豪	
直销客服：	010-64255862	
总 发 行：	中国商务出版社发行部（010-64208388　64515150）	
网购零售：	中国商务出版社淘宝店（010-64286917）	
网　　　址：	http://www.cctpress.com	
网　　　店：	https://shop595663922.taobao.com	
邮　　　箱：	cctp@cctpress.com	
排　　　版：	德州华朔广告有限公司	
印　　　刷：	北京建宏印刷有限公司	
开　　　本：	787 毫米 × 1092 毫米　1/16	
印　　　张：	10.75	字　数：199 千字
版　　　次：	2022 年 12 月第 1 版	印　次：2022 年 12 月第 1 次印刷
书　　　号：	ISBN 978-7-5103-4623-1	
定　　　价：	48.00 元	

前　言

2022年10月，党的二十大报告强调"推动共建'一带一路'高质量发展"。中蒙俄经济走廊是"一带一路"倡议中首条获批的经济走廊。2014年9月，中华人民共和国、蒙古国、俄罗斯联邦（简称中蒙俄）基于地缘政治、经贸文化合作历史等原因，宣布共同打造中蒙俄经济走廊，积极探索国际经济合作新业态。中蒙俄经济走廊是"一带一路"北线建设的重要支点，是保持经济增长的重要尝试，对接俄罗斯提出的"欧亚经济联盟"和蒙古提出的"草原之路计划"。这条走廊横跨亚欧大陆，架起了欧洲发达经济圈与东北亚经济圈之间的桥梁，是中蒙俄致力于开发的重点战略区域。经过多年的发展，遵循开放、平等、互利合作的原则，已经初步形成次区域合作机制，中蒙俄在基础设施建设、能源、农牧业、旅游、金融、科技人文等领域不断加深合作水平，为中蒙俄及世界经济发展作出一定贡献。"民以食为天"，农业是中蒙俄经济走廊重点合作领域之一。随着全球能源供给和粮食供应链出现危机，落实联合国2030年可持续发展议程面临空前挑战。中国应同蒙古、俄罗斯继续深化农业合作，加强三方农产品贸易合作与市场开放，促进农业绿色、安全、可持续发展。

受逆全球化、数字化、可持续发展等多重因素影响，中国、蒙古、俄罗斯三方农业合作结构与形态正在重塑。作为第一亚欧大陆桥与新亚欧大陆桥唯一跨国连接通道，中蒙俄经济走廊具有地缘政治战略地位突出，农业合作互补性强、潜力大等特点。随着新技术、新产业和新市场的不断扩展，中蒙俄跨国农业合作面临前所未有的发展机遇，同时作为错综复杂的网络结构，也面临宏观和微观环境下的多种风险威胁，不确定性和不稳定性大幅上升。为保障农业供应链稳定安全、应对国际经济政治格局变化，中国必须加强农业国际合作建设。同时，面对新的政治、经济、技术环境，中蒙俄经济走廊建设亟待梳理合作现状，持续深化务实合作，为促进可持续发展厘清思路。

基于此，本研究围绕中蒙俄经济走廊建设背景下中蒙俄农业绿色合作建设实践，以可持续发展理论和价值链理论为依据，探究中蒙俄开展跨境农业产业合作的历程、现状和风险，分析中蒙俄跨境农业绿色合作的竞争性、互补性和合作潜力，进行中俄跨境农业绿色合作战略选择。该研究对于提升中国农业企业"走出去"能力、推进中蒙俄经济走廊建设具有重要意义。

最后，要感谢中国商务出版社和编辑团队，他们为这本书的出版付出了很多努力，为作者提供了良好的创作环境和平台。他们的专业知识和敬业精神，让作者受益匪浅，正是因为有了他们的支持和帮助，这本书才能够顺利面世。特别感谢韩庆龄、姜海燕老师为本书第二篇内容编写作出的贡献，感谢东北林业大学研究生颜晓玉同学参与编写第三篇内容，与你们共同创作是一段美好的旅程。希望本书能够成为我们共同努力的见证，感谢你们在这个项目中的付出和支持，谢谢大家！

目 录

第一篇 导论

第一章 导 论 ··· 3
一、选题背景及意义 ·· 4
二、概念界定及文献梳理 ···································· 7
三、研究内容 ·· 14
四、研究方法与研究思路 ··································· 16

第二章 基于农业绿色发展的中国农业对外合作趋势 ······ 19
一、中国农业发展概况 ······································ 20
二、基于农业绿色发展的中国农业对外合作创新趋势研究 ··· 24

第二篇 中蒙篇

第三章 中蒙农业绿色合作现状 ······························· 31
一、蒙古农业发展 ·· 32
二、蒙古农业绿色发展的现实基础 ····················· 43
三、中蒙农产品双边贸易现状 ···························· 43

第四章 中蒙农业绿色农产品贸易分析 —— 以内蒙古地区为例
·· 47
一、内蒙古农牧业发展现状 ······························ 48
二、内蒙古与蒙古农畜产品双边贸易现状 ············· 59
三、内蒙古与蒙古农畜产品贸易的SWOT–PEST分析 ········· 65

第五章　中蒙农畜产品贸易的要素互补性与竞争性分析 ⋯⋯⋯⋯⋯ 75

　　一、中国与蒙古农畜产品供需互补性分析 ⋯⋯⋯⋯⋯⋯ 76

　　二、中国与蒙古农畜产品贸易的竞争性与互补性分析 ⋯⋯⋯⋯ 81

　　三、内蒙古与蒙古农畜产品贸易的互补性与竞争性分析 ⋯⋯⋯⋯ 90

第六章　中蒙农业合作绿色发展路径 ⋯⋯⋯⋯⋯⋯⋯⋯⋯⋯⋯ 97

　　一、以创新驱动农业绿色发展 ⋯⋯⋯⋯⋯⋯⋯⋯⋯⋯⋯ 98

　　二、深化升级农业绿色产业结构推进绿色发展 ⋯⋯⋯⋯⋯ 99

　　三、优化农牧业领域的贸易合作 ⋯⋯⋯⋯⋯⋯⋯⋯⋯⋯ 100

　　四、改善农畜产品出口结构 ⋯⋯⋯⋯⋯⋯⋯⋯⋯⋯⋯⋯ 102

　　五、提升我国农业产品科技含量 ⋯⋯⋯⋯⋯⋯⋯⋯⋯⋯ 103

　　六、加强中蒙绿色农产品贸易基础设施建设 ⋯⋯⋯⋯⋯ 104

第三篇　中俄篇

第七章　中俄农产品贸易合作现状 ⋯⋯⋯⋯⋯⋯⋯⋯⋯⋯⋯ 107

　　一、中俄农业合作发展历程 ⋯⋯⋯⋯⋯⋯⋯⋯⋯⋯⋯⋯ 108

　　二、俄罗斯农业发展现状 ⋯⋯⋯⋯⋯⋯⋯⋯⋯⋯⋯⋯⋯ 109

　　三、中国与俄罗斯农产品双边贸易现状 ⋯⋯⋯⋯⋯⋯⋯ 118

第八章　中俄农业绿色合作的SWOT-PEST分析 ⋯⋯⋯⋯⋯ 123

　　一、中国与俄罗斯农业合作的内部优势分析 ⋯⋯⋯⋯⋯ 124

　　二、中国与俄罗斯农业合作的内部劣势分析 ⋯⋯⋯⋯⋯ 126

　　三、中国与俄罗斯农业合作的外部机遇分析 ⋯⋯⋯⋯⋯ 128

　　四、中国与俄罗斯农业合作的外部挑战分析 ⋯⋯⋯⋯⋯ 131

第九章　中俄绿色农产品贸易的竞争性与互补性分析 ⋯⋯⋯⋯ 135

　　一、中俄绿色农产品贸易的竞争性与互补性分析 ⋯⋯⋯ 136

第十章　中俄农业合作潜力分析及重点合作项目 ⋯⋯⋯⋯⋯ 141

　　一、基于钻石模型的潜力分析 ⋯⋯⋯⋯⋯⋯⋯⋯⋯⋯⋯ 142

　　二、合作趋势及重点合作领域 ⋯⋯⋯⋯⋯⋯⋯⋯⋯⋯⋯ 145

第十一章　中俄农业绿色合作的战略路径 ……………………… 147

一、规避投资风险 ………………………………… 148

二、优化投资能力 ………………………………… 149

三、促进贸易多元化 ……………………………… 151

四、加大科研投资 ………………………………… 152

第四篇　结论与展望

第十二章　结论与展望 ……………………………… 157

一、研究结论 …………………………………… 158

二、研究展望 …………………………………… 159

参考文献 ……………………………………… 161

第一篇 导论

第一章

导　论

在"一带一路"倡议下开展对外农业合作是未来我国农业发展的重要路径。蒙古是我国重要的邻国，地处亚洲中部，其东部、南部、西部均与我国接壤，北部则与俄罗斯相邻，是世界第二大内陆国。因其是地处中俄两国之间的内陆农业国，又作为东北亚合作的重要成员国，蒙古地缘位置尤为重要。中蒙两国边境线长4 710公里，与我国在地缘、政治、经济与文化等方面有着特殊的密切关系。中蒙两国于1949年10月16日建立了外交关系，截至2022年，中蒙建交已有73年的历史，两国一直关系融洽，经济、文化、教育等方面的务实合作70多年以来已经取得长足发展，并奠定了坚实的基础。

俄罗斯作为"一带一路"沿线国家中与中国进行农业合作体量最大的国家，与中国在地缘属性、资源禀赋上优势互补，农业合作基础深厚。两国在地缘属性、资源禀赋上优势互补，农业合作基础深厚，受诸多因素影响，中俄两国农业合作也存在经济与市场风险偏高、农业合作空间窄、合作产业链条单一和零散、中国农业企业参与度低等问题。

现阶段，中蒙俄三方在政策沟通、设施联通、贸易畅通、资金融通、民心相通等方面取得了较为丰硕的成果，为深化农业合作奠定了坚实的基础。但是，受逆全球化、数字化、可持续发展等多重因素影响，中国、蒙古、俄罗斯三方农业合作需要充分利用三方土地互补性、人力资源互补性、农业科技互补性，持续推进中蒙俄经济走廊建设。

基于此，本研究围绕"一带一路"背景下中蒙俄农业绿色合作建设实践，以可持续发展理论、价值链理论、价值共创理论为依据，探究中蒙俄开展跨境农业产业合作的历程、现状，分析中蒙俄跨境农业绿色合作的竞争性、互补性和合作潜力，对中俄跨境农业绿色合作路径提出建议。该研究对于提升中国农业企业"走出去"能力，推动中国农业在全球价值链中地位的提升，推进中蒙俄经济走廊建设具有重要意义。

一、选题背景及意义

俄罗斯是"一带一路"沿线国家中与中国进行农业合作体量最大的国家、蒙古是"一带一路"北线国家的重要支点，中国与俄蒙在地缘属性、资源禀赋上优势互补，农业合作基础深厚。但是，受诸多因素影响，中蒙俄农业合作也存在一些问题。

"十四五"时期是加快农牧业农村牧区现代化的重要战略机遇期，新一轮科技革命和产业变革深入发展，生物技术、信息技术等加快向农牧业农村牧区各领域渗透。我国与俄蒙毗邻地区如内蒙古地区，农牧业绿色发展还存在不少短板，农牧业产业链条延伸不充分、产销衔接不紧密、质量效益不高、科技成果转化应用水平不高、农畜产品精深加工能力不强、品牌杂而不亮等问题仍然较为明显，乡村产业亟须加快升级。党的二十大后新型国际合作关系不断深化，在"一带一路"深入发展下，中蒙俄农业合作将创造新的机遇。在农产品全球价值链的不断加速分解与重构的背景下，中蒙俄如何融入全球农业价值链分工体系、中国企业和政府如何拓展中蒙俄农业合作绿色发展、中国如何实现农业价值链的跨境延伸是当前亟须解决的问题。

（一）选题背景

1."一带一路"倡议下需要深化中蒙俄农产品贸易

蒙古是"一带一路"北线的重要支点，中蒙两国在农业资源和产业结构方面差异较大。蒙古是传统的畜牧业大国，出口以畜产品为主，其他农产品长期依赖进口。基于独特地缘位置和资源禀赋，中蒙农业合作前景广阔，在"一带一路"倡议下，开展双边农产品贸易具有重要的现实意义。一方面对中蒙全面战略伙伴关系的发展起到了推动作用，另一方面对拉动蒙古经济增长起一定促进作用。

俄罗斯位于我国以北，中蒙俄一同构成"中蒙俄经济走廊"。2014年以来，中俄两国建立政府间农业合作机制，中方"一带一路"与欧亚经济联盟的对接，使俄罗斯和其他欧亚经济联盟国家成为中国在农业生产领域十分有前景的合作伙伴。俄罗斯作为"一带一路"沿线国家中与中国进行农业合作体量最大的国家，与中国在地缘属性、资源禀赋上优势互补，农业合作基础深厚。目前，中俄两国农业合作也出现了一些新的问题，比如经济与市场风险偏高、农业合作空间窄、合作产业链条单一和零散、中国农业企业参与度低等。

2.中国农业发展要求深化中蒙俄绿色发展实现农产品对外贸易可持续发展

第一，当前中蒙俄农产品贸易结构单一、缺乏农业全产业链的深度合作，农业合作面临的挑战增加。未来中蒙俄经济走廊建设要以高质量合作和发展为导向，绿色合作和发展是其必然趋势，也是深入推进三方合作交流、提高经济贸易合作质量、优化合作环境的有力保障。中蒙俄既要在绿色资源信息方面形成共享合作，也要发展绿色农业，提高产业发展质量，在保护生态环境的同时提高经济合作质量和效益，进一步优化和提升贸易合作质量，实现中蒙俄经济走廊高质量建设和跨境合作。

第二，绿色发展不仅是中国农业在经历长期依赖传统发展方式实现增长之后所必须，同时也是实现中国特色农业现代化、实现中国农业高质量发展的重要组成部分，更是实现农业高质量发展，完成"双碳"目标的必由之路。党的十九届五中全会、2021年全国两会以及2021年3月15日中央财经委员会第九次会议，均对碳达峰、碳中和作出具体部署，把碳达峰、碳中和纳入经济社会发展全局。我国农业面临的现状是人口基数大，随着生活水平提升，肉蛋奶和生产生活用能需求将持续增长，在保障粮食安全及社会经济持续发展前提下，实现农业碳达峰、碳中和压力较大。农业绿色发展作为世界农业发展的潮流，仍将是中国"十四五"时期农业发展的主旋律。

第三，中国农业"走出去"直接推动了我国农产品贸易规模和结构的变动，推动了贸易总额的迅速增加。随着绿色发展理论的不断深入，加强环境保护，发展可持续农产品贸易已在世界范围内达成共识。2016年中央一号文件指出，加强资源保护和生态修复，推动农业绿色发展。2017年中央农村工作会议提出，必须坚持人与自然和谐共生，走乡村绿色发展之路。2022年党的二十大指出"推动经济发展绿色化、低碳化是实现高质量发展的关键环节"，并提出应"紧盯农业资源重点领域，发展资源节约型农业"。因此，研究中蒙俄农业合作在绿色发展基础上如何实现农产品对外贸易持续发展具有重要的现实意义。

（二）选题意义

1.丰富了农业合作相关理论

本研究运用比较优势理论、要素禀赋理论、竞争优势等国际贸易理论，对内蒙古与蒙古绿色农产品贸易进行理论分析，在一定程度上丰富了农产品国际贸易相关理论。本研究运用显示性比较优势指数、贸易结合度指数、贸易互补性指数等指标测算中蒙俄农产品贸易的竞争性和互补性，有效提高了中蒙俄农产品贸易相关研究的科学性，弥补了现有研究主观性和非全面性的缺陷。

中国是农业大国，农业资源丰富，政府高度重视农业发展，明确提出了国家绿色发展理念，旨在从根本上解决农业、农村、农民问题。研究通过分析中蒙俄农业合作绿色发展特点、趋势与路径，丰富了农业合作相关理论。

2.丰富了"一带一路""中蒙俄经济走廊"相关理论，提高了研究的规范性与科学性

本研究以内蒙古地区为例，考察中蒙俄农产品贸易发展现状，新特点、新趋势，贸易特征等问题，注重数据分析，提高了"一带一路""中蒙俄经济走廊"相关研究的规范性与科学性。

3.有助于我国农产品贸易互联互通，构建开放格局，实现农业"走出去"

作为"一带一路"框架内六大经济走廊之一，中蒙俄经济走廊是"一带一路"北线建设的重要支点。中蒙俄经济走廊以加深和强化中蒙俄三国互惠互利的经济利益交易为纽带，将中国与周边国家试图实现经济发展、人民生活水平提高、社会进步的三位一体发展目标纳入一个整体的地方经济发展框架中，这对维护周边环境稳定，推动经济一体化具有重要意义。

本研究在改变中蒙俄能源贸易一枝独大格局和优化产业合作结构上，有利于充分发挥农产品比较优势，提升农产品国际竞争力，对于加强中蒙俄农产品贸易合作，促进贸易互联互通，构建开放格局，实现农业"走出去"具有实践意义。同时，在增强政治互相与边疆稳定的基础上，发挥其引领和示范作用，有助于加快中蒙俄经济走廊建设，推进亚欧地区互联互通和经济发展，推进高水平对外开放，维护多元稳定的国际经济格局和经贸关系。

4.有利于构建中蒙俄农业合作政策对话平台

本研究以从微观视角总结我国农业对外投资的现状和特点，基于机遇和挑战全面分析当前我国农业与蒙古、俄罗斯农业合作的形势，科学分析与研判中蒙俄农业合作与市场开放面临的困境，探索建立以农业科技交流合作作为先导的两国政府、科研机构和企业"三位一体"的农业合作政策对话平台，研究成果和政策框架助力于完善双边多层次农业政策对话机制，促进中蒙俄农业合作战略充分交流对接，为制定推进农业合作的政策和措施、协商解决合作中的棘手问题、务实合作及项目实施提供政策支持。

二、概念界定及文献梳理

（一）概念界定

1."一带一路"倡议

2015年，我国建设性地提出《推动共建丝绸之路经济带和21世纪海上丝绸之路的愿景与行动》的倡议，彰显了"走出去"的决心。从"一带一路"倡议可看出，我国提倡的"一带一路"，目的是推动世界经济的持续开放。"一带一路"是全球化发展的产物，是在新时代国际环境下所做出的调整经济发展的措施，是深入分析当前世界发展格局后，进一步推动全世界经济实现纵深发展的框架构想。"一带一路"倡议是中国"古丝绸之路"传统文化内涵的新的表现形式，是新时代中国和平、友好、包容的全球化表现，所以"一带一路"势必将推动投资与贸易的进一步自由化。

2. 欧亚经济联盟

2014年5月，俄罗斯、白俄罗斯和哈萨克斯坦三国领导人正式签署了《关于欧亚经济联盟的条约》，象征了欧亚经济联盟的正式成立。根据该条约，俄、白、哈三国完全平等，服务、商品、资本和劳动力可在联盟内自由流通，条约还涵盖了农业、运输、关税等条款。2015年，亚美尼亚和吉尔吉斯斯坦也先后加入了欧亚经济联盟。2015年5月我国开展了与该联盟在经贸合作方面的谈判，2018年5月17日，我国与联盟各成员国代表在哈萨克斯坦首都阿斯塔纳共同签署了《中国与欧亚经济联盟经贸合作协定》。

3. "一带一路"与欧亚经济联盟对接

2016年，习近平主席在《中俄睦邻友好合作条约》签署十五周年纪念大会发表讲话指出，我们要在业已取得的经济合作成果基础上，深入推进两国发展战略对接和"一带一路"建设同欧亚经济联盟建设对接合作，进而在欧亚大陆发展更高水平、更深层次的经济合作关系，使中俄关系发展带来的福祉不仅惠及两国人民，还要惠及整个地区国家人民。2017年，俄罗斯总理梅德韦杰夫应邀对我国进行正式访问，李克强总理同他举行了中俄总理第二十二次定期会晤，双方商定继续积极推进"一带一路"建设与欧亚经济联盟对接，保障欧亚大陆经济持续发展，推动签署《中国与欧亚经济联盟经贸合作协定》。

4. 农产品

本研究所指农产品按照《中华人民共和国农产品质量安全法》的规定，是指来源于种植业、林业、畜牧业和渔业等的初级产品，即在农业活动中获得的植物、动物、微生物及其产品。根据联合国统计署的商品贸易数据库中世界海关组织编制的《商品名称和编码协调制度的国际公约》(HS)，农产品可划分为24类。第1类（活体动物）、第2类（肉及食用杂碎）、第3类（鱼类和甲壳类动物等）、第4类（乳品、蛋品等）、第5类（动物源性产品）、第6类（活树及其他活植物等）、第7类（食用蔬菜、根及块茎）、第8类（食用水果及坚果）、第9类（咖啡、茶及调味香料）、第10类（谷物）、第11类（制粉工业产品等）、第12类（油子仁、药用植物等）、第13类（虫胶、树胶、树脂等）、第14类（其他植物产品）、第15类（动、植物油、脂等）、第16类（肉、鱼等制品）、第17类（糖及其制品）、第18类（可可及其制品）、第19类（谷物、淀粉制品）、第20类（蔬菜、水果等的制品）、第21类（混杂的可食用原料）、第22类（饮料、酒及醋等）、第23类（食品工业残渣等）、第24类（烟草及其代用品的制品）。

（二）文献综述

1.关于农业绿色发展的相关研究

（1）绿色农产品

绿色农产品的研究作为农业可持续发展的趋势和未来农牧业发展的方向，受到了广泛的关注和深入的研究。国外学者认为通过提高绿色农产品生产效率、产业链结构调整等方式获得可持续发展。Anna Hessle 等（2017）通过瑞典牛奶和牛肉供应链生命周期评估得出，提高畜牧业生产效率能够减少生产成本，减少畜产品生产对环境影响，获得畜牧业生产可持续发展。国内学者多是从绿色畜牧业发展的优势、经验（李翠霞，2005），绿色农产品发展战略（徐玉霞，2005；赵建华，2008），加工转型升级（毛伟华，2014），流通模式与流通效率（李佳宝，2014；王天翔，2014）等角度进行研究。

关于绿色农产品贸易，学者主要从贸易发展（金晓文，2004；郭天宝，2014等）、贸易壁垒（杨辉，2007；吴姗，2013）角度进行研究。如沈国际等（2017）认为我国需要在绿色发展基础上实现农产品贸易可持续发展。涉及内蒙古绿色农产品的研究很少，主要研究绿色农业生产、加工、绿色农产品优势与发展战略、策略等。如毛伟华（2014）对内蒙古农产品在北京市场销售情况做了抽样调查，提出了内蒙古绿色农产品"走出去"的对策建议。

（2）农业绿色发展

农业绿色发展是"双碳"目标下产业绿色转型的前沿、热点研究内容。国外学者研究的农业绿色发展始终聚焦于"可持续农业"，主要围绕农业可持续发展的定量评估、驱动分析以及管理体系等方面开展研究。国内学者主要从农业绿色发展理论探析、水平测算、政策路径研究三个方面进行研究。

①农业绿色发展理论探析。已有研究从农业绿色发展过程中的绿色主体、绿色技术、绿色产业链及绿色制度等分析农业绿色发展内涵。还有学者通过探究农业生产、农业生态和社会经济三者之间的交互关系，揭示农业绿色发展相关理论。

②农业绿色发展水平与效率测算研究。近年来推动农业绿色发展广受国内外

专家学者关注，如何科学地界定、评价农业绿色发展水平成为当前学术界研究的热点。学者使用多种方法，从各不同角度测算了我国及各地区农业绿色发展水平。如余永琦等（2021）运用熵权法、加权 TOPSIS 法以及障碍度模型对江西省农业绿色发展水平以及影响因素进行实证分析。

③农业绿色发展政策与路径研究。于法稳（2021）指出基于绿色发展理念的智慧农业实现路径。金书秦等（2021）通过分析农业碳排放数据指出以低碳带动农业绿色转型。楚德江（2021）使用文本分析方法分析农村绿色发展政策，并提出了完善我国农村绿色发展政策的相应思路。

2.关于农业合作的相关研究

（1）关于中蒙农业合作

关于中国和蒙古农业经贸合作问题的研究文献颇多，内容涉及中蒙经贸农业合作的现状、存在问题、发展战略、解决对策，是本研究的重要参考资料。如杜凤莲、董竞泽（2010）认为内蒙古自治区应利用地缘优势与蒙俄发展出口加工区，建立跨境经济合作区，进行优势叠加型合作，实现资源深加工。陈彤等（2020）认为中蒙自由经济区建设可以加速中蒙农牧业投资与贸易合作，促进蒙古"绿色生产"全球供应链体系的现代化进程。张晓雨（2012）从中蒙经贸关系顺利发展、中蒙政治友好往来以及国际组织和区域合作组织的推动三方面分析了中国和蒙古农业合作的基础，认为中蒙两国农业互补性为深入开展农业合作奠定基础。于浩淼（2014）指出中蒙双边农业合作具有得天独厚的地缘优势，两国农业资源与农产品贸易结构互补，为深入开展双边农业合作奠定坚实基础。高宏强（2012）认为应以内蒙古为地缘枢纽，建立中蒙俄自由贸易区以促进中蒙俄贸易快速发展，提高中蒙俄整体贸易地位。宝音都仍等（2015）研究了2001—2013年蒙古山羊绒、羊毛生产，蒙古与内蒙古边境贸易的商品种类、规模、速度及发展特点。

文献述评：

围绕中蒙农业合作的相关研究成果主要表现在：国际农业合作的可行性与适应性（施曼 等，2017）、合作方式（那图木尔，2007）、合作支持体系（陈彤 等，2020；何茂春、田斌，2016）和合作生态风险区划（董锁成 等，2021）等四个方面。

（2）中俄农业合作

国内外学者对于国际农业合作方式的研究成果主要围绕合作模式、路径及协调机制、合作风险四个方面。关于中俄农业合作方式的研究成果较多，但多为定性分析。苏珊珊（2019）指出新加坡、俄罗斯、乌兹别克斯坦等7国是"一带一路"国家中最具农业投资合作潜力的国家，但需要依据农业生产要素比较优势差异选择投资合作模式和产业链环节。李建民（2015）提出应通过加强政策协调、强化中俄农业合作服务平台建设、优先发展比邻地区的农业经贸和投资合作等建议，根据市场新变化加强长期战略规划，谋求中俄农业合作更大发展。Sidorenko T（2013）针对中俄经贸合作中的挑战与威胁，指出中俄双方应建立可持续发展的经济合作模式，注重小麦、奶制品等农产品贸易的多样化发展，同时加强科技、运输和创新方面的合作。IAMakarov（2017）指出俄罗斯西伯利亚和远东地区的农业出口主要依赖中国市场，而贸易壁垒等农业合作障碍极大地阻碍了中俄两地的农业发展。张金萍等（2014）认为应通过聚焦合作区域，以投资开发合作为主，带动农业科技合作、农产品贸易合作和劳务输出合作，以及围绕农产品种植加强相关领域合作等方式深化中俄农业合作。佟光霁等（2013）认为应通过优化对俄科技产业化合作服务体制、机制和政策环境等方式创新中俄农业科技合作模式，加快中俄农业科技合作，以合作促进发展。关于中俄农业合作存在的政治、金融等风险，吕新业等（2016）梳理了经济制裁背景下俄罗斯实施的农业政策及其可能对俄罗斯国内及国际农产品市场产生的影响，结合中国农业发展现状，提出加强对外贸易灵活程度，加强贸易控制力度，建立一套有效应对经济制裁方案等措施。

文献述评：

第一，现有中俄跨境农业合作文献多是政策、现状等表象性研究，缺少运用规范分析。对中俄农业合作程度、合作潜力、合作风险等中俄农业跨境合作重要问题也缺少深入分析。第二，关于中俄跨境农业合作的研究还围绕着国际贸易、因素分析等研究内容，在国际政治、经济环境变化中需要构建动态合作体系。有必要嵌入全球农业价值链下对中俄农业跨境合作动态体系进行深入的机理分析。第三，现有文献多是基于政策的单一维度展开分析，有必要把钻石模型、价值链理论等多个维度纳入农业合作对策的研究框架。

3.国际农业合作与农业绿色发展相关研究

对于国际农业绿色发展实践相关研究，学者对典型国家绿色发展经验进行分析，如杜志雄、金书秦（2021）回顾和分析美国、荷兰和日本的农业绿色发展的实践，比较和发现其具有的共性特点及经验。对于国际农业合作中的绿色发展问题有待进一步研究。其次，国内外学者从农业国家贸易对农业绿色发展关系进行了研究。Barbier较早从发展中国家的视角研究指出，农产品贸易会带来这些国家自然资源的严重退化。Grossman和Kruger（1991）的"贸易环境效应"研究认为，农产品贸易无疑是引致农业环境质量变化，并最终对农业绿色全要素生产率造成影响的重要因素。国内学者匡远配和谢杰、刘子飞、马进等实证指出，农产品贸易加剧了中国农业污染排放，总体上恶化了农业环境质量。

4. 关于农产品贸易竞争性与互补性的研究

关于农产品国际贸易，学者针对不同国家和地区，采用比较优势理论、竞争优势等理论，运用不同指标从贸易现状、竞争性和互补性、贸易潜力、贸易增长空间、影响因素等角度进行研究。如韩亭辉、刘泽莹（2018）利用联合国商品贸易统计数据库、中国海关数据库和巴西商务部数据，分析了中巴农产品贸易现状以及存在问题，并利用贸易竞争力指数和贸易互补指数来分析中巴双方农产品贸易的竞争性和互补性，并提出了中国发展对外农产品的建议和措施。刘梦醒、吴增明、李光泗（2015）对大湄公河次区域成员国的农产品比较优势和贸易结合度进行了分析，进而基于研究结果得出加强农产品粮食安全和细化农产品分工的启示。一些学者也结合"一带一路"的背景分析了中国和沿线其他国家的农产品贸易竞争力。蔡鸿毅等（2016）分析了我国与"一带一路"沿线国家的农产品贸易现状及特点，并提出促进农产品对外贸易发展的对策建议。何敏等（2016）利用显示性比较优势指数（Revealed Comparative Advantage，RCA）和贸易互补性指数（Trade Complementarity Index，TCI）等指标对中国与"一带一路"沿线国家在主要农产品上的竞争性和互补性进行识别，并提出未来中国与上述国家进一步扩大农业开放和经贸合作的思路和路径。显示性比较优势指数由巴拉萨（Balassa）在1965年提出。贸易互补性指数由Peter Drysdale（1967）在Kiyoshi Kojima（1964）的基础上提出，主要反映一国出口产品结构与另一国进口产品结构之间的对应关系。

其中，有关内蒙古与蒙古农产品贸易结构和互补性关系较少，现有文献主要研究中蒙农产品贸易结构和互补性，并提出对策建议，是本研究的重要借鉴。原瑞玲、翟雪玲（2017）指出中蒙两国农产品贸易稳步增长，2005—2015年，从产品结构看，中蒙农产品贸易具有较强的互补性，贸易产品结构单一，我国从蒙古进口的主要产品为畜产品，占我国从蒙古进口农产品总额的70%左右，近年来从蒙古农产品的进口增量也主要来自畜产品的进口，此外还进口少量的油籽、坚果和谷物，出口蒙古的农产品主要是粮食制品、谷物、畜产品、蔬菜和水果等。王云凤（2016）运用显示性比较优势贸易指数、贸易互补性指数对2005—2014年中国、韩国、蒙古及俄罗斯四国农产品贸易进行实证分析，认为中蒙农产品贸易中，中国比较优势地位呈上升趋势，中国与蒙古还没有形成互补格局。于浩淼（2014）则认为中国对蒙古出口的产品多为经过初加工的农产品，而对蒙古进口的农产品多为农产品原材料，如羊毛、皮革等，中蒙农产品贸易属于垂直型贸易结构，互补性较强，为双边农业合作奠定了重要基础。

通过对文献进行梳理可知，国内外学者对农产品国际贸易结构及互补性、潜力及路径已进行了较为广泛的研究，并取得了较丰富的研究成果，为本研究提供了坚实的基础。但是，这些研究只是针对中国与某一个国家或某些国家商品贸易的竞争性、互补性研究，对中蒙俄农产品贸易研究较少，仅仅在极少数的中蒙俄经贸合作的文章中略有涉及，缺少新时期中蒙俄农产品贸易相关问题的研究，缺乏内蒙古对蒙古分细类农产品贸易竞争性、互补性、发展路径等方面的系统研究。这给本研究留下了研究的空间。

5.基于全球价值链的产业升级、地区发展等成为研究热点

随着经济全球化的发展，全球价值链引起了学者的广泛关注。相关研究主要集中在全球价值链的定义及内涵，全球价值链参与程度的测量，基于全球价值链的产业升级、地区发展，农业等领域的全球价值链四个方面。对于农业领域的全球价值链研究多集中于融资领域，其中代表性文献主要包括：Hanemann（2008）、Kaplinsky（2000）、Miler（2012）、洪银兴（2009）、张庆亮（2014）、朱磊（2012）等，这些文献主要研究了农业价值链融资类型、融资模式和融资案例等。对于不同国家嵌入农业价值链的相关研究较少，如丁涛（2015）依托于新李斯特经济学国家致富新原则，借鉴美国的农业发展战略经验，为中国在参与农业价值链过程中树立新的农业战略观提供了重要的启示。Abdulsamad（2013）使用全球价值链（GVC）和农业创新体系（AIS）框架研究了撒哈拉以南的非洲的农业价值，根据价值链的地理环境和结构以及选定的案例提出，需要多种创新来提高现代农业价值链中的小农的竞争力。现有文献中鲜有涉及中俄农业价值链的研究，这给本研究提供了研究的视角和创新点。

研究评述：

中蒙俄农业合作中如何进行绿色转型是深化农业合作的关键。对文献进行梳理可知，国内外学者关于中蒙俄农业合作的机遇、中蒙俄农业发展比较优势和存在问题等方面已进行了较为广泛的研究，并取得了较丰富的研究成果，为本研究提供了坚实的基础。但是，在"双碳"目标下，对中蒙俄农业合作中的绿色发展问题研究较少，仅仅在少数的中蒙俄经贸合作的文章中略有涉及，缺少新时期中蒙俄农业合作绿色发展测度、障碍、路径等方面的研究。这给本研究留下了研究的空间。

基于此，本研究围绕"一带一路"背景下中蒙俄农业绿色合作建设实践，以可持续发展理论和价值链理论为依据，探究中蒙俄开展跨境农业产业合作的历程、现状和风险，分析中蒙俄跨境农业绿色合作的竞争性、互补性和合作潜力，进行中俄跨境农业绿色合作战略选择，该研究对于提升中国农业企业"走出去"能力、推动中国农业在全球价值链中地位的提升，推进中蒙俄经济走廊建设具有重要意义。

三、研究内容

（一）主要内容

研究内容研究框架遵循"发现问题—分析问题—解决问题"展开，理论研究结合实证研究，具体如下：

本书主要内容包括：导论，"一带一路"视域下中蒙俄跨境农业合作事实与基础，中蒙俄跨境农业合作的竞争性、互补性与潜力评价，中蒙俄农业绿色合作的战略，中蒙俄跨境农业绿色合作的发展路径。

第一部分，"一带一路"视域下中蒙俄跨境农业合作事实与基础。本部分主要是根据宏观数据阐述"一带一路"视域下中蒙俄跨境农业合作情况。第一，梳理中蒙俄跨境农业合作历程。第二，阐述中国与蒙古、俄罗斯的农业发展现状与农业贸易合作情况。

第二部分，中蒙俄跨境农业合作的竞争性、互补性与潜力评价。第一，对中蒙俄农产品贸易的互补性与竞争性展开分析，指出各自的农产品贸易竞争力情况和具有互补性的农产品类别。第二，中蒙俄农业合作潜力分析及重点合作领域，揭示中俄农业合作程度和未来重点投资领域。

第三部分，中蒙俄农业绿色合作的战略框架。从优势、劣势、机会和威胁视角对中国与蒙古、俄罗斯农业合作进行SWOT-PEST分析，并得出结论，揭示中蒙俄农业合作的短板和未来发展方向。

第四部分，中蒙俄跨境农业绿色合作的发展路径。基于背景明确中蒙俄跨境农业合作的发展路径，从规避投资风险、优化投资能力、平衡贸易结构、加大科研投资、加强基础设施建设等维度展开。

（二）基本观点

1.要求：中蒙俄农业合作的必要性和可行性

蒙古是我国重要的邻国，地处亚洲中部，其东部、南部、西部均与我国接壤，北部则与俄罗斯相邻，是世界第二大内陆国，因其是地处中俄两国之间的内陆农业国，又作为东北亚合作的重要成员国，蒙古地缘位置尤为重要。中蒙两国边境线长4 710公里，与我国在地缘、政治、经济与文化等方面有着特殊的密切关系。中蒙两国于1949年10月16日建立了外交关系，截至2022年，中蒙建交已有73年的历史，两国一直关系融洽，经济、文化、教育等方面的务实合作70多年以来已经取得长足发展，并奠定了坚实的基础。

俄罗斯作为"一带一路"沿线国家中与中国进行农业合作体量最大的国家，与中国在地缘属性、资源禀赋上优势互补，农业合作基础深厚。2014年以来，中俄两国建立政府间农业合作机制，中方"一带一路"与欧亚经济联盟的对接，使俄罗斯和其他欧亚经济联盟国家成为中国在农业生产领域十分有前景的合作伙伴。

2. 基础：中俄两国农业合作基础深厚

俄罗斯是"一带一路"沿线国家中与中国进行农业合作体量最大的国家，两国在地缘属性、资源禀赋上优势互补，农业合作基础深厚，受诸多因素影响，中国两国农业合作也出现了一些新的问题，比如市场风险较高、农业合作空间窄、合作产业链条单一和零散、农业企业参与程度不高等。

3. 路线：作用机制

中俄跨境农业合作是动态发展的。科学的合作路径有赖于政策措施的设计和引导，中俄农业合作策略的选择是基于"产业生命周期—区位选择—政策保障"的动态体系。

（三）创新之处

1. 多学科理论的交叉融合

本研究以农业经济理论、可持续发展理论和产业链理论为依据，构建中国与蒙古、俄罗斯农业合作的理论框架，探究中国与蒙古、俄罗斯开展跨境农业产业合作的路径和对策，是对以往研究单一维度的拓展、是多学科理论的交叉融合，具有一定的创新性。

2. 研究对象的跨层次交叉

本研究定位是立足中观、服务微观、影响宏观，突破了以往研究仅限于国家层面的研究，基于企业参与（微观）—产业合作（中观）—政策引导（宏观）三个层面，探讨中蒙俄农业合作，研究对象具有一定的创新性。

3. 研究方法的拓展

本研究采用定性分析与定量分析相结合的研究方法，特别是中俄农业合作竞争性、互补性分析与合作潜力评价是对农业合作研究方法的拓展，研究方法具有一定的创新性。

四、研究方法与研究思路

（一）研究方法

文献梳理法：对国内外大量文献进行梳理，分析目前文献的不足，找准研究的切入点和拟解决问题的关键点；在对文献梳理的基础上，构建中俄农业产业合作的理论框架。

田野调查法：采用问卷调查与深度访谈法，对政府管理部门进行访谈，了解农业合作政策、数据与文件；对农业企业进行访谈，了解农业合作现状、问题。

数理模型分析方法：研究调查数据，构建农业合作竞争性与互补性评价，揭示中蒙俄农业合作程度和合作潜力。

（二）研究思路

研究思路如图1-1所示。

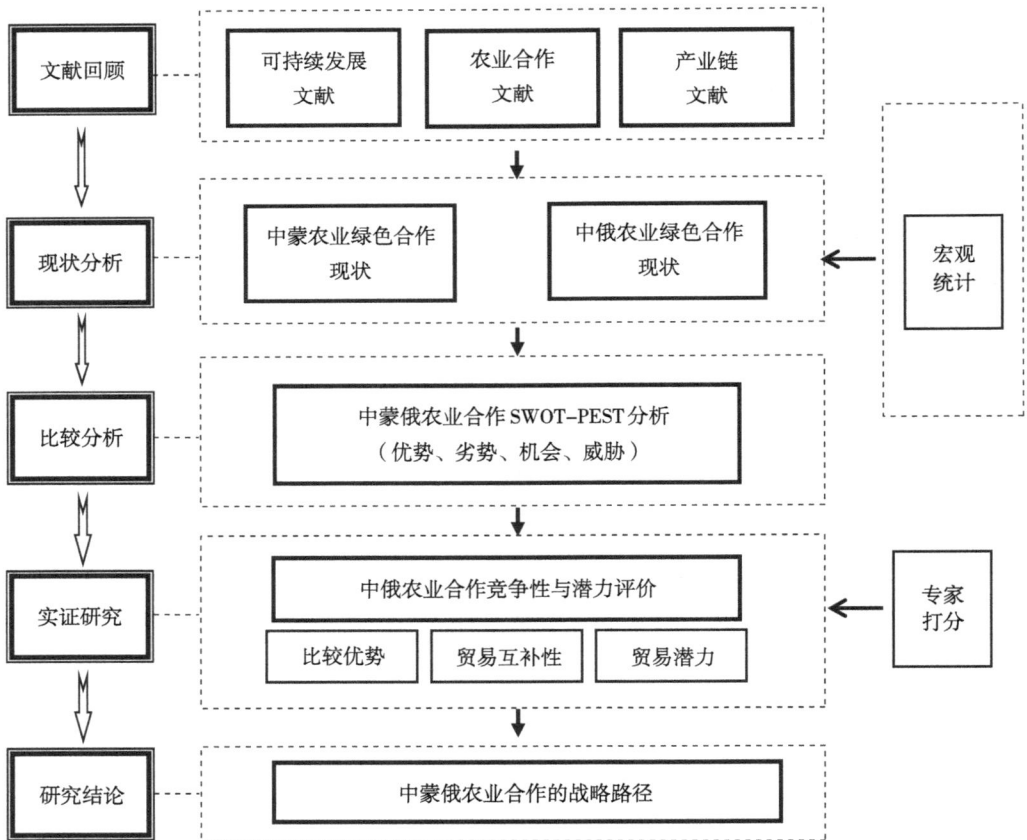

图1-1　技术路线图

（三）拟突破重点难点

本研究的重点是"一带一路"视域下中蒙俄开展跨境农业合作的竞争性与互补性评价、战略定位和战略选择。难点体现为：（1）"一带一路"视域下竞争性与互补性评价；（2）企业、产业、国家三个维度如何紧密联系，促进中蒙俄农业合作的有序发展，促进农业合作从价值链低层次向高层次跨越。

第二章

基于农业绿色发展的中国农业对外合作趋势

中国农业对外投资主要集中在亚洲发展中国家，截至2020年底，中国企业已在全球108个国家（地区）进行海外农业投资，国别投资覆盖率达44.8%[①]。

一、中国农业发展概况

（一）中国农业产值

新冠疫情、全球气候变化、生物安全问题、国际政治经济关系等因素的影响下，世界农业发展不稳定、不确定性因素显著增加，全球粮食等主要农产品价格总体处于上升态势，农产品国际贸易紧张局势加剧。目前，中国农业发展稳中向好，稻谷、小麦和玉米稳步增产，2021年全年粮食产量68 285万吨，比上年增加1 336万吨，增产2.0%[②]。

中国是一个拥有14亿人口的发展中农业大国，农业在中国历来被认为是安天下、稳民心的战略产业。1978年开始的农村市场化改革，是中国农业发展的历史性转折点，不仅突破传统体制的束缚，推动农村经济的快速发展，而且带动和促进了中国经济体制改革的全面展开，有力地支持了中国经济的高速发展。2021年，我国国内生产总值达1 143 670亿元，比2020年增长8.1%。其中，第一产业增加值83 086亿元，比上年增长7.1%[③]。

从细分行业看，我国农林牧渔产业整体与农业、林业、牧业和渔业四个子行业产值增长趋势明显。但是从结构上看，农业和牧业占比较大。2021年，农林牧渔业总产值147 013亿元，比2012年增加60 671亿元，2013—2021年年均增长4.2%。分产业看，农林牧渔各业均保持稳定增长，其中农业产值增加最多。2021年，农业产值78 340亿元，比2012年增加33 494亿元，2013—2021年年均增长4.5%；林业产值6 508亿元，增加3 101亿元，年均增长6.1%；牧业产值39 911亿元，增加13 420亿

---

① 数据来源：中国农业对外投资合作分析报告（2021年度）。

② 国家统计局. 国家统计局关于2021年粮食产量数据的公告[EB/OL].（2021-12-06）. http://www.stats.gov.cn/xxgk/sjfb/zxfb2020/202112/t20211206_1825071.html.

③ 2021年国内生产总值1143670亿元 同比增长8.1%[EB/OL].（2022-01-17）. http://www.gov.cn/xinwen/2022-01/17/content_5668836.htm.

元，年均增长2.7%；渔业产值14 507亿元，增加6 103亿元，年均增长3.4%[①]。

政府持续采取结构调整和财政支持等措施，确保农业的稳定健康增长。此外，中国农业逐步对外开放，提供更多投资机会。

（二）中国农产品进出口贸易

2001年中国加入WTO，中国农业对外开放程度大幅度提高，中国农业与世界农业的关联程度发生重大变化，在世界贸易体系中，中国作为农产品生产大国和消费大国，既可能受到国际市场的不利冲击，同时也对国际市场有着巨大的影响。中国人均耕地面积小，从事农业的人口比重较大，作为农业大国，农产品贸易始终占据国民经济的重要地位。以下从贸易规模、进出口农产品结构、进出口市场结构三个方面分析中国农产品进出口贸易状况。

1. 贸易规模不断扩大，贸易逆差持续增长

随着改革开放的不断深化，中国对外贸易不断扩大，农产品进出口贸易也在不断进步和发展，整体呈增长态势。21世纪以来中国农产品进出口总额由2005年的486.51亿美元增长到2021年的2 914.99亿美元。其中，出口额由264.63亿美元增加至824.65亿美元，进口额由221.88亿美元增加至2 090.34亿美元，成为世界上第一大农产品进口国。自2005年以来，出口额增长缓慢，进口额增长幅度明显高于出口额增长幅度，导致贸易逆差不断扩大。

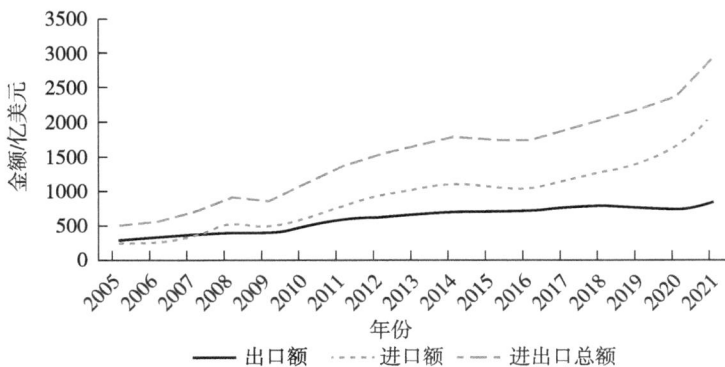

图2-1　2005—2021年中国农产品进出口总额

数据来源：由UN COMTRADE联合国商品贸易统计数据库数据计算得到，网址：https://comtrade.un.org。

首先，从进口农产品来看。通过查询UN COMTRADE联合国商品贸易统计数据

---

① 国家统计局. 农业发展成就显著 乡村美丽宜业宜居：党的十八大以来经济社会发展成就系列报告之二[EB/OL].（2022-09-14）. http://www.stats.gov.cn/xxgk/jd/sjjd2020/202209/t20220914_1888221.html.

库，根据采用HS编码，全称为《商品名称及编码协调制度的国际公约》的分类标准，整理得到中国各类农产品进出口额，按照2021年农产品进口额，从24类农产品中选取了出口额最多的六类产品，分别为第12类（油子仁、药用植物等）、第2类（肉及食用杂碎）、第10类（谷物）、第15类（动、植物油、脂等）、第8类（食用水果及坚果）、第3类（鱼类和甲壳类动物等）。近五年来，排名无明显波动。

表2-1　中国农产品进口结构前六类产品进口额及其占比

HS	2017年		2018年		2019年		2020年		2021年	
	进口额/亿美元	占比/%	进口额/亿美元	占比/%	进口额/亿美元	占比/%	进口额/亿美元	占比/%	进口额/亿美元	占比/%
HS12	445.14	38.61	433.72	34.33	401.58	28.61	449.63	27.72	601.71	28.79
HS02	94.87	9.41	110.19	8.72	188.36	13.42	302.72	18.66	315.86	15.11
HS10	64.01	6.35	57.93	4.59	50.56	3.60	93.25	5.75	199.55	9.55
HS15	82.85	8.22	86.10	6.81	99.36	7.08	112.54	6.94	159.69	7.64
HS08	63.95	6.34	86.80	6.87	116.63	8.31	120.16	7.41	159.10	7.61
HS03	80.71	8.01	116.06	9.19	154.11	10.98	123.72	7.63	138.06	6.60

第12类（油子仁、药用植物等）是重点进口对象，进口额占农产品进口额较大比重，约34.33%，国内油料作物产需缺口大，主要依靠从国际市场进口来弥补缺口。

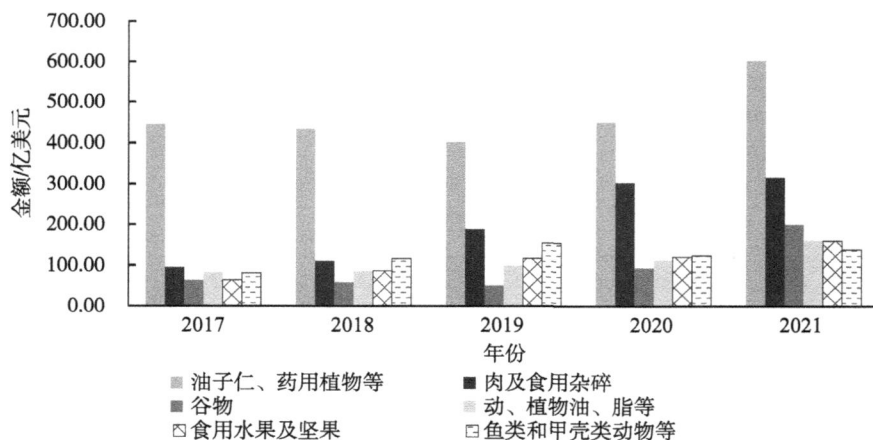

图2-2　中国农产品进口结构前六类产品进口额

数据来源：由UN COMTRADE联合国商品贸易统计数据库数据计算得到，网址：https://comtrade.un.org。

其次，从出口农产品来看。依照2021年农产品出口额，24类产品中出口额最多的六类产品分别是第16类（肉、鱼等制品）、第3类（鱼类和甲壳类动物等）、第7类（食用蔬菜、根及块茎）、第20类（蔬菜、水果等的制品）、第8类（食用水果及坚果）、第21类（混杂的可食用原料）。我国出口的农产品主要为劳动密集型产品，水海产品、蔬菜、水果成为近年来我国农产品贸易中的主要顺差产品。

表2-2 中国农产品出口结构前六类产品出口额及其占比

HS	2017年		2018年		2019年		2020年		2021年	
	出口额/亿美元	占比/%	出口额/亿美元	占比/%	出口额/亿美元	占比/%	出口额/亿美元	占比/%	出口额/亿美元	占比/%
HS16	90.24	12.26	102.53	13.22	92.41	12.00	91.66	12.30	117.17	14.21
HS03	132.53	18.01	132.57	17.10	124.71	16.20	107.12	14.38	110.38	13.38
HS07	111.64	15.17	105.18	13.56	103.28	13.42	96.72	12.98	100.77	12.22
HS20	76.94	10.46	80.51	10.38	78.39	10.18	76.23	10.23	82.73	10.03
HS08	53.37	7.25	52.85	6.81	62.29	8.09	70.69	9.49	63.33	7.68
HS21	32.60	4.43	36.77	4.74	39.76	5.16	45.63	6.12	57.01	6.91

数据来源：由UN COMTRADE联合国商品贸易统计数据库数据计算得到。

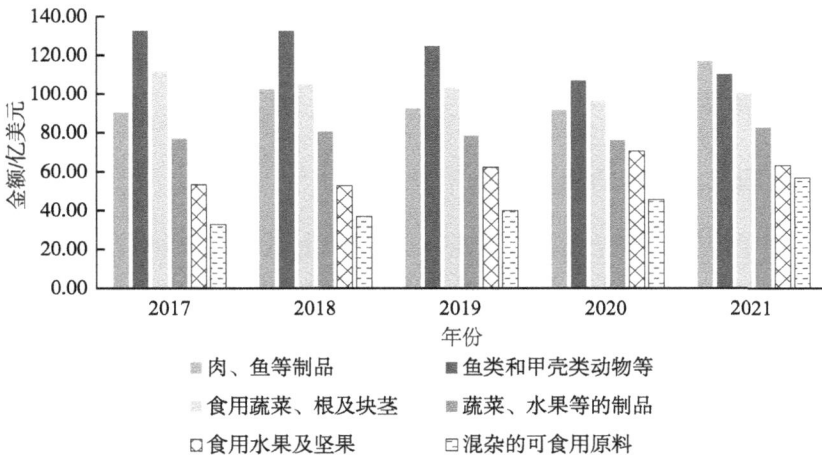

图2-3 中国农产品出口结构前六类产品

数据来源：由UN COMTRADE联合国商品贸易统计数据库数据计算得到，网址：https://comtrade.un.org。

2.贸易格局平稳，市场结构呈现多元化

中国最大的农产品进口市场是南美洲地区，占比为31%。农产品进口主要来源于巴西、美国等地，随着"一带一路"倡议的实施，中国从"一带一路"沿线国家进口的农产品金额逐步增加，增速较快。中国最主要的农产品出口市场是亚洲国家，占比为66%。其中，日本、韩国、朝鲜是主要的出口地，因其地域问题，农产品不能满足本国需要，因此中国成为其主要进口地。

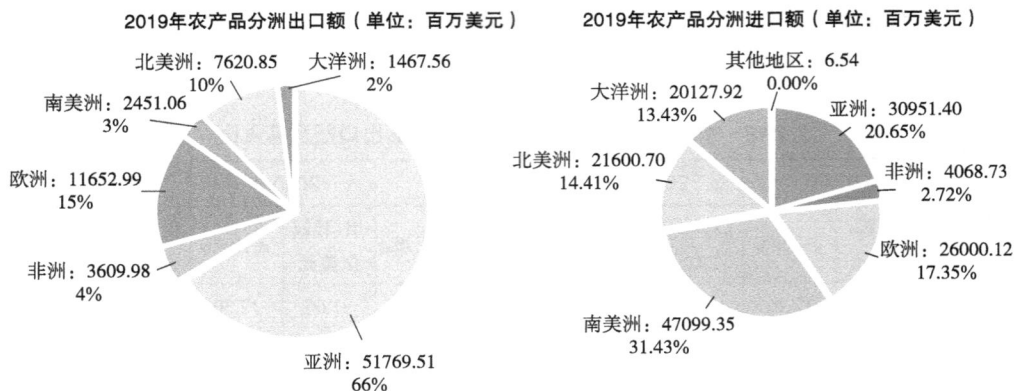

2019年农产品分洲出口额（单位：百万美元）

北美洲：7620.85
10%
大洋洲：1467.56
2%
南美洲：2451.06
3%
欧洲：11652.99
15%
非洲：3609.98
4%
亚洲：51769.51
66%

2019年农产品分洲进口额（单位：百万美元）

其他地区：6.54
0.00%
大洋洲：20127.92
13.43%
亚洲：30951.40
20.65%
非洲：4068.73
2.72%
北美洲：21600.70
14.41%
欧洲：26000.12
17.35%
南美洲：47099.35
31.43%

图2-4　2019年中国农产品分洲进出口额及占比

数据来源：《2019年中国农产品进出口月度统计报告》。

二、基于农业绿色发展的中国农业对外合作创新趋势研究

农业绿色发展涉及社会、经济、生态、人文等诸多复杂系统，是中国乃至全世界农业转型的新目标。

（一）我国农业绿色的现实基础

根据《中国统计年鉴—2021》数据，中国国土面积约为960万平方公里，2020年，我国农村人口约为5.1亿。中国地形多种多样，气候多样，适合农作物的生长需要。西北、西南内陆多山，森林资源丰富，动植物种类繁多。北部海拔高，地势平坦，草原、牧场丰富，畜牧业发展条件优渥。南方地势低洼，多丘陵，种植业的优势较为明显。

（1）土地资源情况

根据《中国统计年鉴—2021》，全国耕地19.18亿亩，林地约43亿亩，草地约40亿亩。

（2）水资源情况

中国境内河流总长度1.98万公里，河流流域面积950.67万平方公里，其中外流河占64.70%，内陆河占35.30%，地表水资源量达30 407.0亿立方米，地下水资源量为8 553.5亿立方米，人均水资源2 239.8立方米。

（3）气候情况

我国位于亚欧大陆的东部，太平洋的西岸，拥有世界上最强烈的季风气候。

（4）经济情况

中国经济发展基本呈现稳中向好的态势，国内外进出口基本稳定。农业仍是中国最为基础的产业，主要农作物有谷物、大豆、籽棉、花生、甘蔗、茶叶、水果等。

（二）中国农业对外绿色合作特征

近年来，随着我国农业对外经贸往来频繁、区域经济合作态势深化，农业国际合作日趋深入，合作领域向深层次、宽领域方向迈进，体现为农产品贸易稳步增长、农业技术合作成效显著、农业投资潜力凸显等特点。

1.农产品对外贸易为农业对外绿色合作提供基础条件

中国农业对外合作历史悠久。随着农业对外合作日益频繁，农业科技交流以及农业合作机制不断完善，为中国农业对外绿色合作提供了基础条件。

中国作为农产品进出口大国，农产品对外贸易持续增长，具有绿色合作潜力。在金砖五国中，中国对巴西的农产品进出口比重最大，增长速度也最快。中国主要从巴西进口大豆、蔗糖、咖啡、肉类和烟草等热带农产品；而中国向巴西出口的主要是水果、蔬菜、水产品等产品。在2012年6月，中巴关系提升为全面战略伙伴关系后，双边农产品贸易额在2012—2013年加速增长，贸易总额从16亿美元增加到270亿美元，增长了15倍多。

2.由政府主导进行农业科技合作为农业绿色合作奠定基础

中国主要由农业农村部统筹农业科技国际合作，中国农业科学院负责合作的具体实施，国际合作目标以进行知识产权科技创新为主。

巴西在大豆品种改良、高产品种的培育以及生物工程等方面居于世界领先地位，巴西为确保粮食安全，正通过全球布局战略加强技术交流，以提高创新能力。中巴两国政府都高度重视发展农业，认为保障粮食安全要依靠科技进步。2009年5月，巴西总统卢拉访华，在两国领导人签署的联合声明中，明确了中巴联合实验室设在中国农科院，巴西农业部农牧业研究所与中国农科院、中国水稻研究所等机构签署有关农作物基因材料、生物技术方面的多项交流合作协议，还与中国农业科学院签署转基因棉花技术合作协议。在中国农业科学院的中国—巴西农业科学联合实验室，研究领域集中在种质遗传技术、生物技术、水稻技术、畜牧兽医和热带农业技术等方面。

中国—巴西农业科学联合实验室是我国面向拉美国家的第一个农业科学联合实验室，是推进我全球农业科技战略布局的重要举措，有利于扩大对外科技开放，推进国家农业科技创新体系建设和高素质科研人才培养，促进我国农业技术"走出去"。

此外，与农业科技有关的其他研究中心也是农业科技合作的支持力量。例如，中国—巴西气候变化与能源技术创新研究中心，简称中巴气候与能源中心，是在中国政府与巴西政府支持下于2010年4月正式成立的联合机构，分别在清华大学和巴西里约热内卢联邦大学设立办公室。中心将作为中巴气候变化与能源技术创新合作的桥梁，开展气候变化与能源技术创新领域相关研究工作，为中巴友谊和提高气候变化与能源技术创新研究水平作出贡献。

3. 多方参与农业对外绿色合作

国内大型国企和相关农业组织也在农业科技合作中扮演着重要的角色。近年来，中粮集团、重庆粮食集团等中国企业在国外开展农业投资合作，涉及农业种植、加工、仓储、物流等。中资企业通过对农业领域的投资，打造上下游一体化产业链，进一步加快拓展中巴农业基础设施建设领域的合作。

4. 人员交流趋于多元化

目前，我国高校如中国农业大学、南京农业大学通过与国外农业院校加强交流与合作，探讨建立定期学术交流推进合作机制、联合人才培养模式，打造未来全球农业经济发展精英人才培养平台，从最初单一的互派学者考察访问发展到定期互访、共同攻关等多种形式，与其他国家建立紧密合作关系，中国农业科技人员交流趋于多元化。

5. 生物技术领域是中国农业对外绿色合作的主要领域

近些年来，中国对外农业交流已走出传统领域，开始涉足生物技术、纳米技术、信息技术领域，并积极探索在新能源、可再生能源的合作潜力。例如，中国在基因材料等方面为巴西提供了帮助，巴西也向中国提供农业信息化应用等先进技术，两国在生物技术、生物质能源技术以及农牧业生产技术等领域内也加强了合作。同时，两国还进一步加强动植物优良种质资源的交流。

6. 积极推进农业种子领域初步合作

无论是农业技术的合作与交流，还是对外援助或接受援助，归根结底都是一种竞争或利益关系，加强农业合作是为更好地参与国际竞争。种子是农业生命的关键，我国农业国际合作积极推进农业种子领域的国际合作。

隆平高科是一家以"杂交水稻之父"袁隆平院士的名字命名，并由袁隆平院士担任名誉董事长的中国种业龙头企业。公司1999年成立，2000年在深交所上市，目前控股股东为中国中信集团。公司主营杂交水稻、玉米、蔬菜、小麦、棉花、油菜等种业业务，已在菲律宾、印度、美国、巴基斯坦等国建立研发中心，在菲律宾、印度、东帝汶等国设立海外子公司，并在全球范围内建立了业务关系。2017年，隆平高科与中信农业基金收购陶氏益农巴西玉米种子业务。 隆平高科获得经资产剥离后的 Dow AgroSciencesSementes & Biotecnologia Brasil Ltda.（简称标的公司）、巴西玉米种质资源库的使用权、Morgan 种子品牌，以及 Dow Sementes 品牌在特定时间内的使用权。

第二篇 中蒙篇

第三章

中蒙农业绿色合作现状

一、蒙古农业发展

农业是关系国计民生的产业，历来受到蒙古政府的重视。蒙古地广人稀，国土面积为156.65万平方公里，2018年，蒙古人口共计323.847 9万人。2017年蒙古农业用地面积为11 484.35万公顷，其中，草场面积11 213.95万公顷，同比减少9.29万公顷①。蒙古农产品以质优味美、无农药而受到消费者青睐，虽然因规模小、产量低、品种单一等因素影响，竞争力低，加之农业生产的抗突发性恶劣天气能力差，造成了农业发展缓慢的局面，但未来的发展潜力巨大。中蒙两国在农业资源、农产品贸易结构等方面的互补性为内蒙古与蒙古深入开展农业合作提供了基础。

第一，从蒙古各行业GDP来看，2018年，蒙古GDP为32.17万亿图格里克，按照全年与美元的平均汇率折算约为130亿美元，折合人民币约为860.3亿元。近年来，蒙古通过加快发展采矿业，促进了国内经济的发展。虽然农牧业部门的产品生产增加2倍，但是在国内生产总值的份额下降（见表3-1），2007—2017年，蒙古工业产值占GDP比重较大且呈上升趋势。2018年，蒙古人均GDP为3698美元，仍处于中等偏下收入国家行列②。

表3-1　2013—2018年蒙古各行业GDP占比情况

单位：%

行业	2013年	2014年	2015年	2016年	2017年	2018年
农（牧）业、林业和渔业	13.4	13.3	13.4	11.7	10.3	10.9
采矿和采石	14.9	16.5	17.1	20.1	23.4	23.6
加工业	8.7	8.8	7.6	7.3	9.0	9.2
供电、供气	1.4	1.4	1.6	2.0	1.7	1.7
供水、污水及废物处理	0.4	0.4	0.4	0.5	0.4	0.4
建筑	5.1	4.4	4.2	4.0	3.7	3.2
批发零售及机动车维修	11.8	11.4	11.5	11.1	10.3	9.6
交通运输及仓储	4.4	5.0	5.2	5.2	4.9	4.7

① 数据来源：《蒙古国畜牧业分析报告（2018年版）》。

② 数据来源：蒙古统计局，网址：https://www2.1212.mn/tablesdata1212.aspx?TBL_ID=DT_NSO_0 500_004V1&ln=en。

续　表

行业	2013年	2014年	2015年	2016年	2017年	2018年
酒店餐饮	1.1	0.9	0.9	1.0	1.2	1.2
信息和通信	2.2	2.2	2.1	2.0	1.7	1.8
金融和保险活动	4.1	4.7	5.4	5.1	5.1	5.2
房地产	6.1	6.7	6.9	6.8	5.9	5.5
专业、科学和技术活动	2.3	2.3	2.2	1.8	1.4	1.3
行政和支助服务活动	1.1	0.9	0.9	0.9	0.9	0.8
公共行政和国防；强制性社会保险	4.1	4.1	4.6	4.7	4.2	3.8
教育	4.5	4.5	4.4	4.4	4.0	3.6
医疗卫生	1.9	1.9	2.0	2.0	1.7	1.6
艺术娱乐文化	0.5	0.4	0.5	0.4	0.4	0.3
其他服务活动	0.8	0.8	0.8	0.7	0.6	0.5
减免产品补贴税	11.4	9.3	8.1	8.3	9.1	10.9

数据来源：The National Statistics Office of Mongolia. Gross Domestic Product[EB/R].www. 1212.mn。

第二，农业是蒙古的六大行业之一，占经济总量的10%左右。2012年以来一直保持增长，但增长率呈下降趋势。2018年起增长率有所回升（见图3-1）。2018年种植业在农业中占比为9.8%，但是种植业GDP增长率达56.3%，种植业的大力发展有效刺激了蒙古农业的发展。

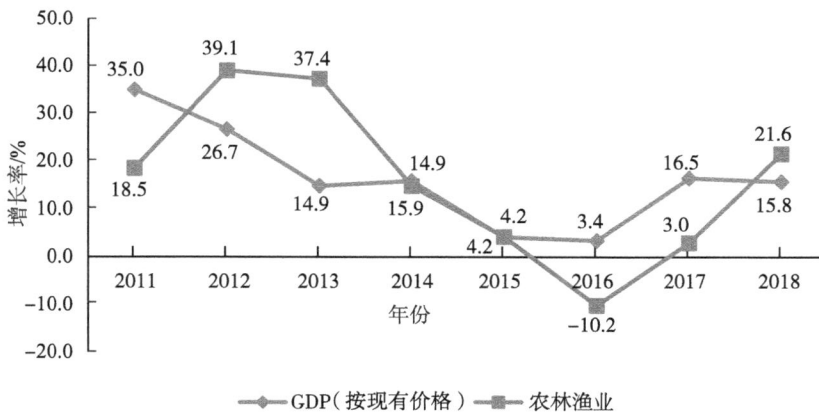

图3-1　2011—2018年蒙古农业GDP年增长率

第三，2018年畜牧业GDP年增长率为18.9%，畜牧业在农业中占比89.2%，是蒙古的传统产业，国民经济的基础，也是蒙古加工业和生活必需品的主要原料来源。蒙古除部分公司实现畜牧业产业化经营，全国畜牧业基本处于散养、自然养殖的状态。蒙古草场面积相对较大，从事畜牧业人口相对分散且逐渐减少。高质量、纯天然是其畜牧业发展优势。但是，一些技术上的缺失也制约了其进一步快速发展的步伐，产值较低、从业人员获得的经济效益也相对较低。

表3-2　2013—2018年蒙古农业产值

单位：百万蒙图

项目	2013年	2014年	2015年	2016年	2017年	2018年
GDP（按现价）	19 174 242.7	22 227 054.3	23 150 385.6	23 942 866.4	27 876 297.2	32 307 329.5
农林渔业	2 567 662.5	2 949 857.8	3 074 608.7	2 761 123.7	2 822 116.6	3 456 101.3
种植业	221 639.1	236 330.1	217 967	249 464.7	191 460	338 737.9
畜牧业	2 316 428.2	2 669 242.9	2 807 235.7	2 456 980.5	2 597 039	3 081 850.8
其他农业	29 595.1	44 284.7	49 405.9	54 678.5	33 617.7	35 512.5

数据来源：《蒙古国统计年鉴2017》。

（一）农产品生产情况

1. 畜牧业

第一，牧户与牧民数量减少，牧民老龄化趋势较明显。

蒙古畜牧业私有化改革以来，蒙古从事草原畜牧业的人口也逐渐增加，如1990年牧民人数为15.0万人，2000年增加到了41.77万人左右，增加了1.8倍，但是近些年来牧户数量和牧民人数却逐年减少，据蒙古统计数据，2010年到2012年，牧户数量和牧民人数一直都在减少，牧户数量从21.7万户减少到20.8万户，牧民人数从32.7万人减少到28.9万人。原因在于干旱、雪灾以及气候条件的变化，牲畜大量受损，极大地打击了牧民的生产积极性。此外，草原生态环境的恶化，荒漠化面积不断增加，草场载畜量下降，牧民收入情况并不乐观。

2018年蒙古牧民28.87万人，较2017年减少4.9%。从年龄结构来看，行业未来的青壮年人数（15～34岁）占比逐年下降，35～59岁的中年牧民是行业的主要从业者（见图3-2），占比略有增加，但近两年人数下降，需要注意的是由于原有中年牧民进入老年，2018年老年牧民数量和占比明显提高，未来牧民老龄化将制约行业的发展。

表3-3　2012—2017年蒙古牧民年龄结构分析

项目	2012年	2013年	2014年	2015年	2016年	2017年	2018年
牧民总数	28.941 4	28.569 1	29.362	29.782 8	31.137 3	30.359	28.87
15～34岁/万人	11.78	11.0	10.86	10.72	10.84	10.47	9.61

项目	2012年	2013年	2014年	2015年	2016年	2017年	2018年
35～59岁/万人	14.38	14.8	15.65	16.2	17.22	16.91	15.65
60岁及以上/万人	2.78	2.77	2.85	2.86	3.08	2.98	3.61
牧民总百分比/%	100	100	100	100	100	100	100
15～34岁占比/%	40.7	38.5	37	36	34.8	34.5	33.3
35～59岁占比/%	49.7	51.8	53.3	54.4	55.3	55.7	54.2
60岁及以上占比/%	9.6	9.7	9.7	9.6	9.9	9.8	12.5

数据来源：蒙古统计局，网址：www.1212.mn。

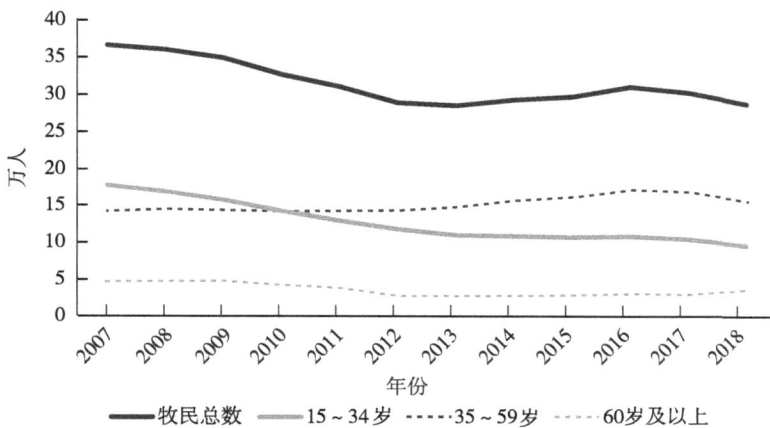

图3-2 2007—2018年蒙古牧民年龄结构分析

数据来源：蒙古统计局，网址：www.1212.mn。

第二，牲畜规模不断扩大，五畜结构未发生明显变化

首先，蒙古牲畜规模不断扩大。2010年底，蒙古共有牲畜3 272.953万头，到2018年底，蒙古共有牲畜6 646.02万头，达到了历史最高纪录。其中，马394.01万头、牛438.09万头、骆驼45.97万头、绵羊3 055.48万只、山羊2 712.47万只，除了山羊以外，其他牲畜数量均为历史最高纪录。

其次，从五畜结构来看，2007年至2018年，蒙古五畜结构未发生明显变化。截至2018年底，蒙绵羊占46%，山羊占40.8%。绵羊和山羊是蒙古畜牧业的主要产品。由于传统畜牧业方式下山羊对戈壁生态环境的破坏比较大，这使得蒙古草原生态环境的破坏依然比较严重。因为植被破坏容易引起雪灾等自然灾害，造成牲畜大量死亡，至植被恢复时牲畜数量也已增加，又易引发新一轮的自然灾害。蒙古现行的传统畜牧业就是在破坏—恢复—破坏的循环中艰难发展。

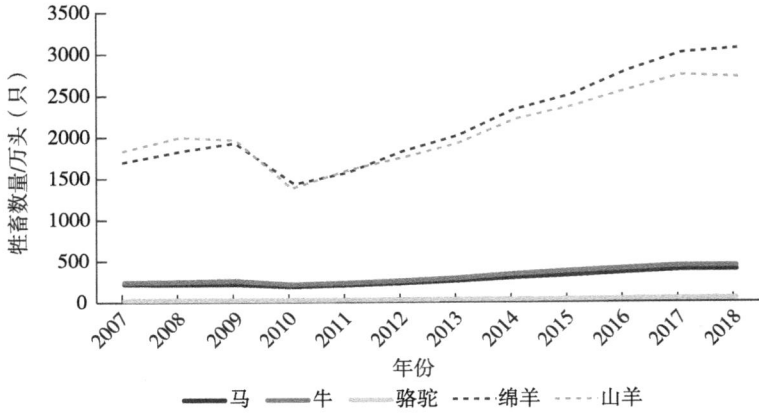

图3-3 2007—2018年蒙古牲畜数量

数据来源：蒙古统计局，网址：www.1212.mn。

表3-4 2013—2018年蒙古牲畜比例

单位：%

牲畜种类	2013年	2014年	2015年	2016年	2017年	2018年
马	5.8	5.8	5.9	5.9	5.9	5.9
牛	6.4	6.6	6.8	6.6	6.6	6.6
骆驼	0.7	0.7	0.7	0.7	0.7	0.7
绵羊	44.4	44.7	44.6	45.3	45.5	46.0
山羊	42.6	42.3	42.1	41.6	41.3	40.8

数据来源：蒙古统计局，网址，www.1212.mn。

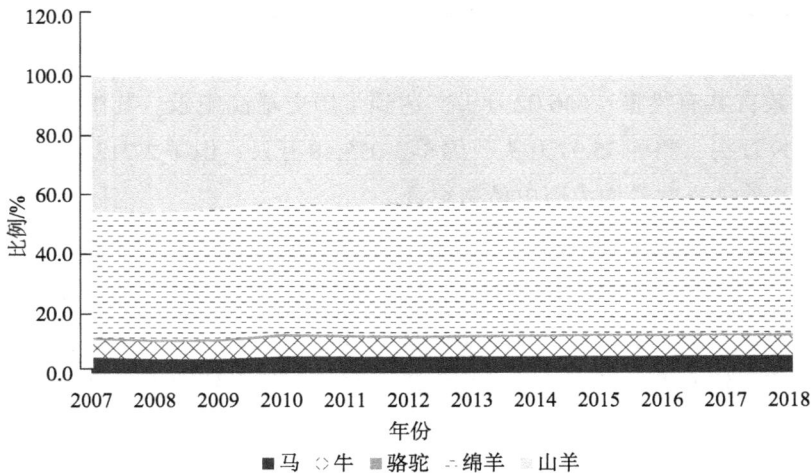

图3-4 2007—2018年蒙古牲畜比例

第三，畜牧业产出品产量增长明显。

从产出品分类来看，畜牧业2018年共实现屠宰产出肉类51.52万吨，皮革1 930万件、羊毛3.3万吨、羊绒1.09万吨、奶90.24万吨、鸡蛋1 519万枚。从表2-13可知，自2007年至2018年，除了猪肉以外，牛、羊肉产量均有较大增长。2018年肉类同比增加8.9万吨，奶同比减少1.71万吨，鸡蛋同比增加5 520万枚。

表3-5　2010—2018年蒙古畜牧业产量表

产出品	2010年	2011年	2012年	2013年	2014年	2015年	2016年	2017年	2018年
肉类/千吨	241.1	251.4	263.4	299.3	291.7	448.0	400.0	426.2	515.2
牛肉/千吨	45.2	54.8	59.7	57.7	54.9	93.2	92.4	97.7	126.6
绵羊肉、山羊肉/千吨	127	123.1	123.6	155	151.8	220.9	193.1	207.5	236.3
猪肉/千吨	0.2	0.4	0.4	0.5	0.8	0.6	0.6	0.5	0.6
皮革/百万件	9.5	8.7	8.6	11	10.2	15.2	14	14.5	19.3
马皮/百万件	0.3	0.2	0.2	0.2	0.2	0.4	0.4	0.8	0.7
牛皮/百万件	0.4	0.5	0.5	0.5	0.4	0.7	0.8	0.8	1.2
绵羊皮/百万件	4.6	4.4	3.7	5.2	5	7.4	6.6	7	9.4
山羊皮/百万件	3.7	3.3	4.0	4.7	4.3	6.2	5.8	5.9	6.9
羊毛/千吨	17.2	16.2	17.5	20.2	22.3	25.8	27.4	30.6	33.0
羊绒/千吨	6.5	5.5	6.3	7	7.7	8.9	9.4	10.2	10.9
奶/千吨	365.8	529.9	588	667	765.4	874.4	891.5	919.5	902.4
鸡蛋/百万枚	53.6	69.4	56.6	63.2	72.2	100.6	119	96.7	151.9

数据来源：《蒙古国统计年鉴》（2016年、2017年、2018年）。

2.种植业

第一，耕地面积不断扩大，农业发展潜力大。

蒙古农业虽然只有四五十年的发展历史，正处于初期发展阶段，但发展潜力巨大。蒙古农业总产值约占GDP的14.0%。2015年，蒙古可耕地面积102.82万公顷，种植面积52万公顷。从近几年的发展来看，耕地面积逐年扩大。蒙古除首都乌兰巴托之外，还划有21个省，其中色楞格省农业用地面积占全国农业用地面积的68%，其他农业用地分布于色楞格省周边的达尔罕乌拉、布尔干、后杭盖以及东方省等。

第二，种植业以小麦、土豆为主，产量稳定提高。

从种植面积来看，2008—2018年，蒙古谷物、小麦播种面积呈持续增长趋势，土豆、蔬菜、饲料作物播种面积变化较小。根据表3-16计算，小麦是最重要的农作物，占全部播种面积的34.2%，占谷物种植面积的93.3%。土豆种植面积占1.3%，饲料作物（4.6%）和蔬菜（0.9%）。油籽在蒙古被归为"经济作物"，主要是油菜籽，近年来播种面积上升明显，2018年占全部农作物播种面积的6.9%。

表3-6 2013—2018年蒙古主要农作物播种面积

单位：公顷

作物类型	2013年	2014年	2015年	2016年	2017年	2018年
谷物	293 261.8	315 032.9	390 690.2	377 802.2	390 860.2	366 809.3
小麦	275 554.3	291 247.1	361 218.9	355 074.9	365 658.6	342 366.4
土豆	15 503.2	13 204.6	12 839.4	15 024.3	15 147.8	12 924.9
蔬菜	8 311.3	8 668.4	7 656.4	9 052.2	8 356.6	8 865.8
饲料作物	14 390.4	16 975.6	23 841.3	29 893.4	26 222.6	46 308.9
经济作物	86 682.6	84 456.6	66 182.2	81 007.1	71 946.9	86 682.6
全部农作物	331 466.7	873 725.6	1 033 790.9	990 726.7	1 033 116.4	1 000 747.2

数据来源：蒙古统计局，网址：http://www.1212.mn/tables.aspx?TBL_ID=DT_NSO_1002_004V1。

从农作物类型看，蒙古的主要农作物为小麦、土豆以及包心菜、黄瓜、洋葱、番茄等，近年来种植业种类不断丰富，产量稳定提高（见表3-7）。2018年蒙古种植谷物总产量45.38万吨，同比增长90.6%。其中，小麦是最重要的农作物，2018年小麦产量占谷物总产量的96.1%；土豆16.89万吨，同比增加1.0%；蔬菜10.07万吨，同比增加30.5%；饲料作物123.84万吨，同比增加24%。

表3-7 2014—2018年蒙古种植业种类及产量

单位：吨

种类	2014年	2015年	2016年	2017年	2018年
谷物	518 793.2	216 268.2	483 453.3	238 102.2	453 849.2
小麦	488 293.6	203 899.3	467 052.8	231 364.4	436 114.9
大麦	8 472.7	2 443	6 483.2	1 693.6	2 354.9
燕麦	18 758	3 290.4	7 886.2	3 494.9	9 971.6
小米	28	18.9	26.5	9.8	5
荞麦	735	5 232.1	866.1	1 019.9	4 693.4
其他谷物	0	800	473	26	34
土豆	161 489.1	163 767.2	165 330.7	121 809.	168 882.6
蔬菜	104 792.8	72 347.4	94 447.6	82 103.2	100 731.7
卷心菜	18 692.5	15 440.7	16 680.8	15 214.3	18 790.
胡萝卜	34 715.7	18 490.8	31 023.1	21 683.	26 315.7
萝卜	20 064.9	13 887.1	17 430.7	12 465.2	18 490.6
甜菜根	3 848.4	3 758.5	3 794.3	4 118.4	5 648.8

种类	2014 年	2015 年	2016 年	2017 年	2018 年
洋葱	9 437	6 693.9	9 985	12 128.9	14 095.3
大蒜	1 002.1	657	659.1	447.2	543
黄瓜	4 717.4	3 841.5	3 734.7	3 923	3 761.4
番茄	2 394.2	1 871.5	2 230.9	2 018.5	1 922.3
西瓜	5 304.8	5 612.8	6 606.6	8 122.3	8 799.5
哈密瓜	1 040.5	850.5	611.3	632.6	796.9
南瓜	162.3	154.8	146.2	110	190
胡椒	240.5	220.4	231.3	342.1	302.3
其他蔬菜	3 179.3	871.7	1 319.7	902.8	1 075.9
饲料作物	44 278.1	49 180.9	53 424	47 895.1	123 839.9
食物残渣	24 546.8	38 468.5	34 393.3	28 276.3	103 689.7
多年生植物	7 962.6	8 850.2	11 263.1	9 576.6	11 840.9
青贮饲料	9 235.7	1 343.6	2 221.9	2 654.8	6 599.3
玉米	1 123.2	61.9	2 097.9	2 568.4	5 211.1
其他饲料作物	2 533	518.6	5 545.6	7 387.5	1 710.1
经济作物	52 099	23 145.3	21 460.2	13 862.9	23 921.3
甜菜	100	0	20	2	0
油菜	51 912.5	23 145.3	21 440.2	13 504.8	23 049.6
向日葵花	71	0	0	2.1	23.7
其他经济作物	15.6	0	0	354	848
干草	1 178 674.5	1 028 671.7	1 321 123.7	798 364.1	1 229 428.8
青贮作物	—	—	1 275 400.6	703 147.7	4 985.5
稻草	—	—	45 723.2	95 216.2	10 613.6
手工饲料	4 015	1 556.5	3 377.2	1 452.1	51 690.7
矿物饲料	7 943.3	8 510.2	9 061.5	8 524.5	94 586.0
药用植物	40 260.8	39 883.1	45 789.4	27 772.8	187.1
其他农作物	29 679	61 289.1	62 804.9	39 373.5	5 535.7

数据来源：蒙古统计局。

（二）农产品加工情况

第一，农产品加工能力发展不均衡。

目前，蒙古农产品加工能力发展不均衡。例如，小麦加工能力非常好，面粉加工企业很多，能够满足国内需求，大型面粉加工企业设备工艺也非常先进。但是由于蒙古小麦无霜期短、受天气影响有时会出现成熟度低、产出面粉少等情况，导致小麦面筋度低，小麦加工企业不能生产高筋面粉，高筋面粉基本从俄罗斯进口。蒙古几乎没有油菜籽加工能力，油菜籽主要用于出口。自2012年起油菜籽出口量持续增长，2006—2015年，蒙古出口中国油菜籽累计超过16万吨[①]。蒙古没有油菜籽加工企业，制约了油菜籽产业的发展。

第二，牧业生产及加工已成为中国对蒙投资的主要方向。

中国对蒙古在农牧业产品生产、加工方面的投资逐渐增多，例如，饮料生产、食用酒精、奶制品等。因蒙古盛产羊毛、动物皮革等初级产品，但初级产品加工业发展滞后，中国对蒙古毛绒加工方面的投资一直较多，羊绒加工投资企业数量也占中国投资蒙古企业总数的大多数。

蒙古畜牧业加工能力不足，蒙古近几年年生产1 000多万张羊皮、牛皮、马皮等兽皮，国内加工量只占约25%，其余绝大部分作为原料出口中国等国家。蒙古十分重视提高农产品加工能力，通过建立加工园区、提供税费优惠大力发展畜产品加工。因我国畜牧业加工能力强，牧业生产及加工已成为中国对蒙古投资的主要方向。

（三）农产品贸易情况

受气候条件、地理环境和农业技术水平的影响，蒙古大部分农产品依赖进口。下面从贸易规模、进出口农产品结构、进出口市场结构3个方面对蒙古农产品对外贸易的状况进行研究。

第一，对外贸易规模不断扩大。

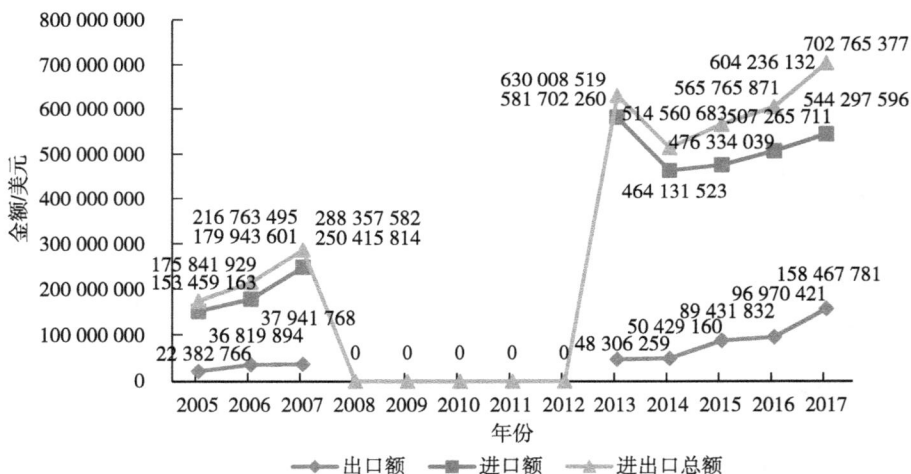

图3-5　2013—2017年蒙古农产品进出口额

数据来源：UN COMTRADE联合国商品贸易统计数据库，网址：https://comtrade.un.org.

---

①袁淑珍，等.从蒙古国进口的油菜籽携带有害杂草调查[J].中国植保导刊，2016（10）：71-75.

21世纪以来，蒙古农产品进出口总额整体呈增长趋势，由2000年的1.94亿美元增加至2017年的7.03亿美元。其中，出口额由0.91亿美元增加至1.59亿美元。近年来进口增长放缓，出口实现快速增长，贸易逆差有所减小（见图3-5）。

第二，蒙古农产品出口波动明显。

2018年，蒙古全部农牧产品出口额占出口总额的9.2%，同比增长24.1%，约1.25亿美元[①]。通过查询UN COMTRADE联合国商品贸易统计数据库，采用HS编码，全称为《商品名称及编码协调制度的国际公约》，01～24类为农产品，整理得到蒙古各类农产品出口额，按照2017年农产品出口额，从24类农产品中选取了出口额最多的五类产品，分别是第8类（食用水果及坚果）、第2类（肉及食用杂碎）、第5类（动物源性产品）、第16类（肉、鱼等制品）、第12类（油子仁、药用植物等），坚果和油籽在蒙古出口产品中增长明显。

表3-8 蒙古农产品出口结构前五类产品及其占比

HS	产品类别	2013年		2014年		2015年		2016年		2017年	
		出口额/万美元	占比/%	出口额/万美元	占比/%	出口额/万美元	占比/%	出口额/万美元	占比/%	出口额/万美元	占比/%
08	食用水果及坚果	0.2	0.004	69.6	1.38	1 625.9	18.18	3 338.3	34.4	5 700.83	35.9
02	肉及食用杂碎	1 110.3	22.99	707.9	14.0	1 018.6	11.39	1 650.0	17.0	5 486.31	34.6
05	动物源性产品	1 299.6	26.9	915.1	18.1	1 241.3	13.88	1 022.4	10.5	1 020.48	6.44
16	肉、鱼等制品	1.4	0.029	15.0	0.29	62.6	0.700	159.0	1.6	862.85	5.45
12	油子仁、药用植物等	511.4	10.59	2 079.4	41.2	1 967.9	22.01	1 782.7	18.4	629.70	3.97

数据来源：由UN COMTRADE联合国商品贸易统计数据库整理得到，网址：https://comtrade.un.org。

畜产品、坚果、油籽是其重点出口的农产品，2000—2016年，这3类产品出口额之和占全部农产品出口总额的比重均在92%以上。畜产品一直是蒙古重要出口农产品，2018年，蒙古出口马肉同比增长23.3%，牛肉同比增长75.8%，羊肉同比增长2.4倍，副产品同比增长12.8倍。从畜产品细分的品种来看，动物毛和动物生皮是其主要出口产品，其中动物毛出口额占畜产品出口总额的比重由2000年的27.13%提升到2016年的85.15%，增长尤为迅速。

---

① 数据来源：蒙古统计局。

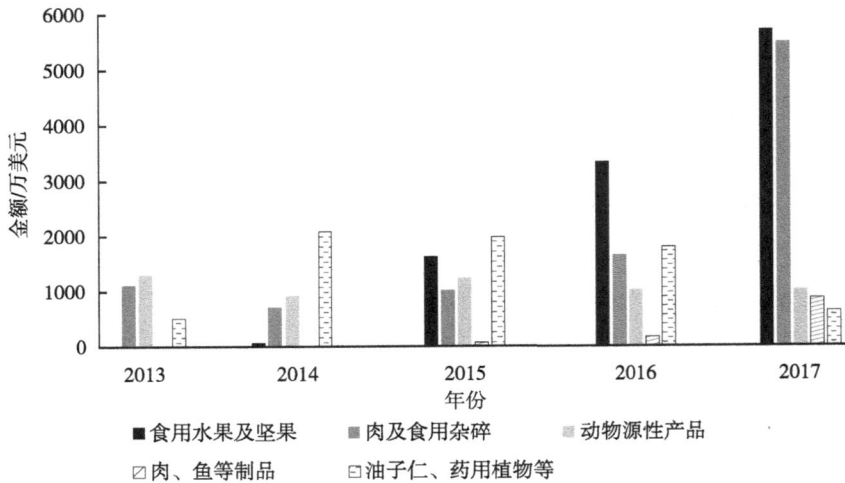

图3-6 2013—2017年蒙古主要农产品出口额

数据来源：由UN COMTRADE联合国贸易商品统计数据库整理得到，网址：https://comtrade.un.org。

表3-9是2013—2017年间蒙古进口额最多的六类产品，分别是第11类（制粉工业产品等）、第14类（其他植物产品）、第19类（谷物、淀粉制品）、第20类（蔬菜、水果等的制品）、第7类（食用蔬菜、根及块茎）、第10类（谷物）。从表3-9中可知，制粉工业产品是蒙古内五年来需求量最大的产品，其进口额占总体14%左右。

表3-9 蒙古农产品进口结构前六类产品及其占比

HS	产品类别	2013年		2014年		2015年		2016年		2017年	
		进口额/万美元	占比/%	进口额/万美元	占比/%	进口额/万美元	占比/%	进口额/万美元	占比/%	进口额/万美元	占比/%
11	制粉工业产品等	710.8	12.2	649.1	14.0	606.0	12.7	616.2	12.1	783.9	14.4
14	其他植物产品	594.2	10.2	573.8	12.4	594.5	12.5	558.0	11.0	632.9	11.6
19	谷物、淀粉制品	565.9	9.7	563.2	12.1	454.8	9.5	516.3	10.2	551.7	10.1
20	蔬菜、水果等的制品	590.4	10.1	555.9	12.0	478.2	10.0	480.0	9.5	534.7	9.8
7	食用蔬菜、根及块茎	597.7	10.3	549.9	11.8	400.2	8.4	388.7	7.7	436.1	8.0
10	谷物	565.1	9.7	468.7	10.1	330.1	6.9	343.2	6.8	367.5	6.8

数据来源：由UN COMTRADE联合国商品贸易统计数据库整理得到，网址：https://comtrade.un.org。

第三，进出口市场结构稳定。

蒙古农产品进出口市场结构稳定，主要集中在周边的一些亚欧国家。蒙古农产品主要出口到中国、俄罗斯、荷兰、韩国和瑞士，这5个国家出口额之和占蒙古全部农产品出口总额的90%左右。2000—2007年，蒙古对中国和俄罗斯的出口额之和占全部农产品出口总额的74% ~ 92%，2011年以后，该比重已上升到95%以上。值得注意的是，中国一直以来都是蒙古农产品第一大出口国，出口额所占比重不断上升，由2000年的73.3%提升到2016年的93.84%，由此可见，中蒙贸易在蒙古对外贸易中占有举足轻重的地位。

二、蒙古农业绿色发展的现实基础

1.土地资源情况

蒙古可利用土地面积为15 647万公顷，可耕地面积102.82万公顷，种植面积52万公顷。从近几年的发展来看，耕地面积逐年扩大。

2.水资源情况

蒙古境内河流总长6.7万公里，地下水资源比较丰富，但由于采矿业和非科学放牧，使蒙古草场遭到严重破坏，水资源匮乏。

3.气候情况

蒙古气候具有强烈的大陆性特征，季温差和日温差比较大，降雨总量也低。

4.经济状况

畜牧业是蒙古国民经济的基础。近年来，蒙古采矿业的飞速发展，促进了国内经济的发展，虽然农牧业部门的产品生产增加2倍，但是在国内生产总值的份额下降。

5.中蒙农业绿色合作现实基础的差异

在土地资源方面，蒙古人均耕地较中国富裕。在气候方面，中国气候较蒙古更多样，拥有适合不同农作物生长的温度带，因此，中国农作物种类较蒙古多，而蒙古属于典型的大陆气候，农作物种类相对单一。中国和蒙古农业资源的差异性表现出中国和蒙古在土地、劳动力、技术、资金等农业生产资源上存在互补性，这就为中国和蒙古农业合作提供了物质基础，两国可以通过农业合作实现资源的优化配置，在提高中国农业资源利用效率和蒙古农业生产技术的基础上，便于中国剩余农业劳动力的转移和充分利用蒙古剩余的耕地。

三、中蒙农产品双边贸易现状

（一）中国对蒙古农产品贸易进出口额

2008—2018年中蒙贸易额逐年增加，中蒙贸易额从5.85亿元增加至约31.29亿元，增加了约25.44亿元。2009—2018年，中国农产品进出口总额是在不断地上升，对蒙古农产品进出口额波动较明显，大致上也是在不断地上升的。中国对蒙古进口从1.946亿元增加到22.36亿元，十年间增加了20.41亿元。中国对蒙古的出口从2008年的3.01亿元增加到2018年的8.93亿元，十年间增加了5.03亿元，见表3-10。

表3-10　中国对蒙古农产品贸易进出口额

单位：万元

年份	进口额	出口额
2008	19 455.95	39 061.12
2009	34 024.64	29 251.78
2010	40 594.99	37 820.52
2011	49 388.46	50 087.62
2012	56 950.38	50 489.24
2013	72 256.46	57 181.76
2014	81 118.47	58 949.11
2015	130 674.60	53 928.11
2016	176 380.60	64 237.64
2017	234 607.12	73 543.38
2018	223 584.93	89 328.64

数据来源：呼和浩特海关。

从图3-7我们可以清楚地看出中蒙农产品进口额增长幅度很大，中蒙农产品贸易规模也是在不断地扩大，中国对蒙古农产品出口贸易有较大增长空间。

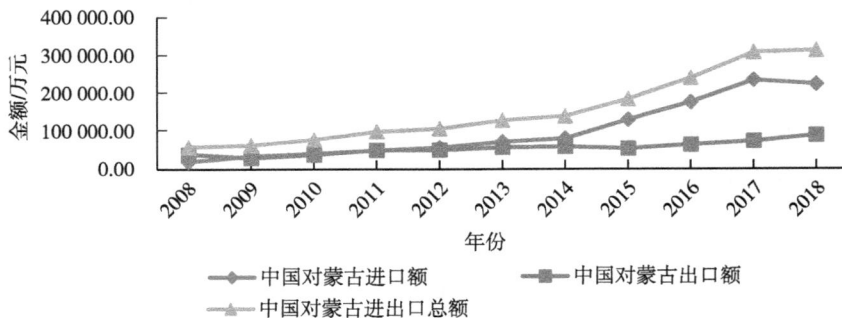

图3-7　2008—2018年中国对蒙古农产品贸易额

数据来源：呼和浩特海关。

（二）中国对蒙古进出口农产品种类

第一，从进口农产品来看，2020年中国从蒙古进口农产品集中在肉及食用杂碎（32.71%），肉、鱼等制品（46.58%），油子仁、药用植物等（11.43%）三类产品进口额之和占进口总数的90.72%。根据表3-11，2017—2020年，食用水果及坚果进口数量占总进口数量比例明显减少。

表3-11　2017—2020年中国进口蒙古农畜产品比重

单位：%

HS 编码	产品类别	2017 年	2018 年	2019 年	2020 年
HS01	活体动物	0.13	0.16	0.28	2.54
HS02	肉及食用杂碎	25.58	29.76	41.46	32.71
HS03	鱼类和甲壳类动物等	0.00	0.00	0.01	0.03
HS04	乳品、蛋品等	0.03	0.00	0.00	0.00
HS05	动物源性产品	0.47	1.04	0.64	0.85
HS06	活树及其他活植物等	0.00	0.00	0.00	0.00
HS07	食用蔬菜、根及块茎	0.00	0.01	0.00	0.00
HS08	食用水果及坚果	46.60	15.00	0.22	0.34
HS09	咖啡、茶及调味香料	0.00	0.00	0.00	0.00
HS10	谷物	0.00	0.00	0.00	0.00
HS11	制粉工业产品等	0.00	0.00	0.00	0.00
HS12	油子仁、药用植物等	23.00	15.99	17.07	11.43
HS13	虫胶、树胶、树脂等	0.00	0.00	0.01	0.00
HS14	其他植物产品	0.00	0.00	0.00	0.00
HS15	动、植物油、脂等	0.08	0.13	0.39	0.27
HS16	肉、鱼等制品	1.77	34.86	35.53	46.58
HS17	糖及其制品	0.00	0.00	0.00	0.02
HS18	可可及其制品	0.00	0.00	0.00	0.02
HS19	谷物、淀粉制品	0.01	0.00	0.01	0.01
HS20	蔬菜、水果等的制品	0.01	0.00	0.00	0.02
HS21	混杂的可食用原料	0.55	0.90	1.16	2.41
HS22	饮料、酒及醋等	0.19	0.21	0.49	0.30
HS23	食品工业残渣等	1.57	1.95	2.73	2.46
HS24	烟草及其代用品的制品	0.00	0.00	0.00	0.00

数据来源：UN COMTRADE联合国商品贸易统计数据库。

第二，从中国出口农产品种类来看，肉及食用杂碎，谷物，谷物、淀粉制品是近年来中国出口蒙古主要农产品。2020年，三者占中国出口蒙古农产品总额的47.76%（见表3-12）。另外，2017—2020年，谷物出口比重增加和糖及其制品比重下降幅度较为明显。

表3-12　2017—2020年中国出口蒙古农畜产品比重

单位：%

HS 编码	产品类别	2017年	2018年	2019年	2020年
HS01	活体动物	0.06	0.01	0.01	0.00
HS02	肉及食用杂碎	16.08	18.60	18.83	15.97
HS03	鱼类和甲壳类动物等	0.08	0.16	0.11	0.09
HS04	乳品、蛋品等	0.04	0.04	0.04	0.13
HS05	动物源性产品	0.00	0.56	0.00	0.00
HS06	活树及其他活植物等	0.01	0.04	0.03	0.10
HS07	食用蔬菜、根及块茎	9.14	8.24	7.99	9.76
HS08	食用水果及坚果	2.39	2.65	3.28	3.50
HS09	咖啡、茶及调味香料	1.03	0.90	0.68	0.84
HS10	谷物	5.62	8.34	12.34	16.76
HS11	制粉工业产品等	5.52	5.35	4.53	3.87
HS12	油子仁、药用植物等	0.01	0.09	0.03	0.07
HS13	虫胶、树胶、树脂等	0.47	0.35	0.80	0.23
HS14	其他植物产品	0.00	0.01	0.00	0.00
HS15	动、植物油、脂等	6.75	5.12	4.31	4.52
HS16	肉、鱼等制品	0.47	0.48	0.71	0.90
HS17	糖及其制品	17.64	15.84	11.74	6.65
HS18	可可及其制品	0.61	0.72	0.53	0.47
HS19	谷物、淀粉制品	13.48	13.01	13.13	15.03
HS20	蔬菜、水果等的制品	3.69	4.06	4.80	4.87
HS21	混杂的可食用原料	6.83	6.65	6.72	6.76
HS22	饮料、酒及醋等	5.06	4.97	5.44	5.10
HS23	食品工业残渣等	1.42	1.58	2.12	3.08
HS24	烟草及其代用品的制品	3.60	2.21	1.82	1.30

数据来源：UN COMTRADE 联合国商品贸易统计数据库。

第四章

中蒙农业绿色农产品贸易分析
——以内蒙古地区为例

一、内蒙古农牧业发展现状

农业是关系国计民生的重要产业，内蒙古地处37°N—53°N，因其优越的地理位置，农产品种类丰富且产量大，是我国重要的粮食和经济作物产区。农牧业作为内蒙古经济社会发展的基础产业，近年来，在自治区党委政府的正确领导下取得了新的发展成就。农产品持续增产，农牧民持续增收，草原生态持续好转，农牧业经济为自治区经济社会平稳发展起到了基础性保障作用，为保障国家粮食安全和生态安全做出了积极贡献。内蒙古自治区通过确立"建设绿色农产品生产加工输出基地"的思路，形成了以"农牧业产业化为抓手，促进一二三产联动发展"的全产业链发展模式，农牧业产业化得到了长足发展，农牧业市场竞争力不断提高。

（一）绿色农产品生产现状

1.农业生产总值持续增加

2018年，内蒙古自治区实现地区生产总值17 289.2亿元，按可比价格计算，比上年增长5.3%。第一、第二、第三产业对生产总值增长的贡献率分别为6.7%、37.2%和56.1%。人均生产总值达到68 302元，比上年增长5.0%。其中，第一产业2018年增加值1 753.8亿元，增长了3.2%，但是增速较2017年略有降低。

表4-1 2008—2017年内蒙古自治区农牧业总产值

单位：万元

年份	农林牧渔总产值	农业	种植业	林业	畜牧业	渔业
2008	15 257 369	7 166 075	5 683 542	727 163	6 996 335	117 788
2009	15 705 841	7 319 020	5 281 536	782 452	7 214 442	127 069
2010	18 435 705	9 004 465	6 569 414	765 727	8 224 208	158 585
2011	22 045 061	10 578 457	7 878 996	931 636	9 983 126	235 197
2012	24 493 357	11 719 727	8 764 535	977 552	11 188 550	260 801
2013	26 994 991	13 280 732	9 660 572	961 409	12 084 853	209 411
2014	2 798 064	14 084 377	9 741 571	964 358	12 056 515	290 686
2015	27 515 527	14 183 052	10 150 729	994 184	11 608 538	307 518
2016	28 035 460	14 775 582	10 935 309	986 357	11 497 481	330 299
2017	28 135 356	14 347 260	10 519 767	999 140	12 005 587	312 995

数据来源：《内蒙古统计年鉴2018》。

　　由图4-1可以看出，近年来内蒙古自治区种植业、畜牧业增长明显，是促进我区农业发展的重要力量。2017年，种植业占农林牧渔业总产值37.4%，畜牧业占总产值的42.7%，两者合计占总产值的80.1%。

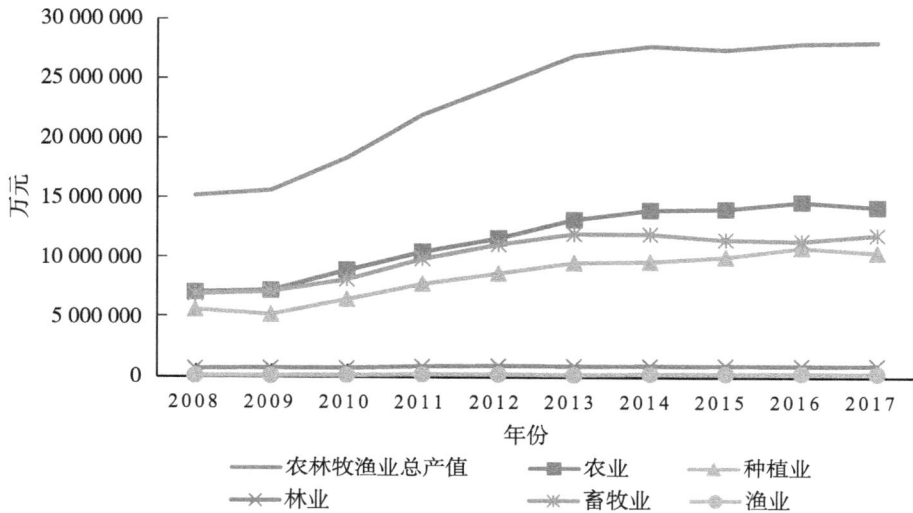

图4-1　2008—2018年内蒙古自治区农牧业产值

2.耕地面积持续增加

　　2008—2017年，自治区耕地面积不断增加，粮食播种面积增加148.6万公顷，比经济作物播种面积增加值多70.8万公顷（见表4-2）。因此对于农产品整体结构而言，粮食作物发挥着更大的作用，而经济作物的发展相对缓慢。

表4-2　耕地面积、造林面积与播种面积

单位：万公顷

年　份	年末实有耕地面积	水　田	旱　地	当年造林面积	总播种面积	粮食作物播种面积	经济作物播种面积
2008	714.9	8.4	514.4	71.86	675.1	529.5	145.5
2009	714.9	8.4	514.4	86.19	689.6	564.4	125.2
2010	714.9	8.4	514.4	62.52	736.2	584.6	151.6
2011	714.9	8.4	514.4	73.18	754.0	597.9	156.0
2012	910.9	8.7	621.8	78.16	767.1	612.4	154.7
2013	912.2	8.7	621.9	80.52	782.3	625.3	157.0
2014	915.5	8.7	622.7	55.63	807.9	638.9	169.0
2015	916.2	8.7	623.1	66.80	842.4	658.0	184.4
2016	925.9	8.7	631.4	61.84	895.7	680.3	215.4
2017	927.1	8.8	626.5	68.05	901.4	678.1	223.3

数据来源：《内蒙古统计年鉴2018》。

根据图4-2、图4-3，玉米、豆类、小麦占粮食播种面积比例较高。自2016年起，我区经济作物播种面积增长明显，同比增长16.8%，葵花籽、青饲料和油菜籽播种面积较高。

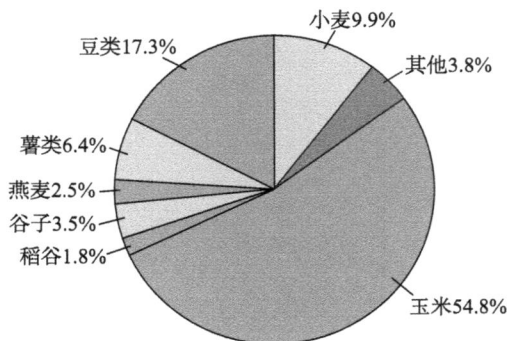

图4-2　2017年主要粮食作物播种面积占粮食播种面积的比重

数据来源：《内蒙古统计年鉴2018》。

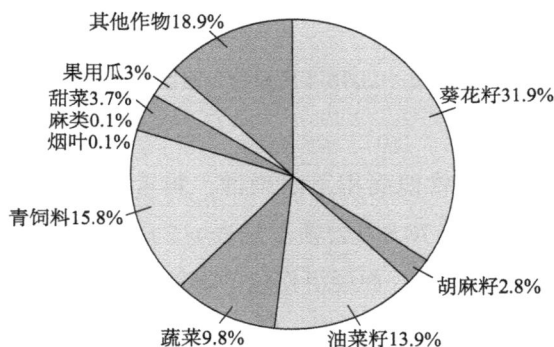

图4-3　2017年主要经济作物播种面积占经济作物播种面积的比重

数据来源：《内蒙古统计年鉴2018》。

3. 农产品产量高，种植业结构不均衡

内蒙古区种植业发展较畜牧业相对较晚，但因优越地理位置以及政策的扶持，至2018年全区粮食产量高达3 254.5万吨，油料达到240万吨，并保持相对稳定的产量。2018年全区农作物总播种面积882.4万公顷，比上年下降2.1%。其中，粮食作物播种面积679.0万公顷，比上年增长0.1%；经济作物播种面积203.4万公顷，下降8.9%。粮食总产量3 553.3万吨，比上年增长9.2%；油料产量201.5万吨，下降16.3%；甜菜产量515.9万吨，增长49.8%；蔬菜产量1 006.5万吨，下降9.4%；水果

（含果用瓜）产量225.5万吨，下降15.8%[①]。

目前，我区粮食生产包括稻谷、小麦、玉米、高粱、谷子、燕麦、荞麦等谷物，豆类和薯类。其中，2017年谷物生产2 930.8万吨，占粮食总产量的90.1%。谷物中玉米产量较高，2017年生产2 497.4万吨，占粮食总产量的76.7%，较2016年减少了65.7万吨。

表 4-3　2008—2017年主要农产品产量

单位：万吨

年份	粮食	油料	甜菜	烟叶	麻类	蔬菜	果用瓜
2008	2 100.9	135.1	192.8	1.4	2.8	1 050.9	176.8
2009	2 128.9	122.7	103.7	1.2	1.0	1 083.4	152.7
2010	2 344.3	138.1	145.1	1.5	0.1	1 326.1	220.8
2011	2 573.4	149.0	141.4	1.5	0.0	1 388.6	207.8
2012	2 739.8	142.2	149.4	1.4	0.0	1 354.8	198.6
2013	3 070.5	161.8	161.3	1.3	—	1 300.1	165.7
2014	3 112.4	180.7	143.9	1.1	—	1 318.9	185.3
2015	3 292.6	206.3	200.5	1.2	—	1 284.9	158.3
2016	3 263.3	228.8	268.4	0.9	0.2	1 251.8	242.2
2017	3 254.5	240.7	344.3	0.6	0.7	1 111.3	267.5

数据来源：《内蒙古统计年鉴2018》。

4.畜牧业总产值比重较低

内蒙古拥有丰富的草地、耕地资源，是全国重要的绿色畜产品生产输出基地。畜牧业作为该区经济社会的重要支柱产业，为保障国家绿色畜产品供给、增加农牧民收入、保护和改善草原生态环境和促进国民经济稳定发展具有十分重要的意义。

内蒙古草原畜牧业有着悠久的发展历史、深厚的文化底蕴，在地区经济和广大牧民的生产生活中具有极其重要的地位。草原畜牧业是内蒙古最具特色的传统基础产业之一，具有得天独厚的资源优势、区位优势、文化优势，经过近几十年的发展，畜牧业产值在农业中的比重不断上升。在"一带一路"建设中，内蒙古地区是沟通中蒙俄的桥梁，拥有独特的区位和资源优势。内蒙古畜牧业发展应该借鉴周边国家的发展经验，引进先进的技术和发展理念，同时加强与周边国家的互联互通，优势互补，提高畜牧业产业化水平。

---

① 数据来源：内蒙古自治区农牧业厅统计数据，http://nmt.nmg.gov.cn/gk/zfxxgk/xxgkml/tjsj/201903/t20190314_150990.html。

从发展上看，在内蒙古自治区农牧业经济中，畜牧业一直呈现较快的发展势头，畜牧业产值呈稳步发展的趋势，占第一产业的比重有较大幅度的上升，但与畜牧业现代化发展水平还有一定的差距。发达的畜牧业是一个区域或者一个国家农业现代化的重要标志，国际上衡量农业现代化发展水平的标准是畜牧业产值要占农业产值的50%以上。2008年，内蒙古畜牧业总产值为699.6万元，占农业总产值的比重为45.9%，早已超过了种植业的比重。截至2018年，畜牧业产值达到1 200.6万元，却仅占到农业产值的42.7%。内蒙古畜牧业产值还没有达到农牧业产值的一半以上，这与内蒙古农牧业大区的地位不相匹配，与农牧业发达国家可以高达70%的比重相比，差距更大。近年来，各级政府实施了畜牧业生产扶持政策，但存在着补贴额度低、补贴规模小、措施不配套、没有形成合力等问题。畜牧业投入在数量、结构、对象和方式等方面，仍不能适应畜牧业转型发展的迫切需要。农牧业结构中畜牧业比重仍然较低，没有充分发挥内蒙古农牧结合的双重优势，"为养而种"推进畜牧业发展的目标还没有实现。

5.草地资源丰富

内蒙古是我国五大牧区之一，生产地域特色突出，拥有广袤的天然草原，牧草种类繁多，草质良好，牲畜喜食的禾本科和豆科优良饲草占1/3以上，畜牧业生产条件优于种植业。内蒙古草原在区划上由六大草原组成，自东向西依次是：呼伦贝尔草原、科尔沁草原、锡林郭勒草原、乌兰察布草原、鄂尔多斯草原和阿拉善草原，东西直线距离2 400多公里，南北跨距1700多公里。根据草原植被特征，内蒙古境内的草原主要分为草甸草原、典型草原和荒漠草原。

天然草原是内蒙古牧区畜牧业生产及生活资料的来源，更是维持该地区及周边地区生态平衡的分布面积最大的自然生态系统。据统计，内蒙古天然草原总面积为13.2亿亩，草原面积占全国草原总面积的22%，占全区国土面积的74%[①]，是我国最大的草场和天然牧场。内蒙古草原有野生饲用植物793种，约占全区植物总数的36.59%，其中主要饲用植物约200多种，占饲用植物总数的25%。草地资源年生物总贮量约680.8亿公斤，其中可食干草总贮量约408.57亿公斤。

畜牧业作为内蒙古的基础产业和优势产业，为内蒙古经济发展和社会稳定作出了巨大贡献，为全国各地输送了大量优质的畜产品。近年来，内蒙古草原保护建设工作不断加强，积极推行草原家庭承包经营、草畜平衡和天然草原禁牧休牧轮牧制度，加大草原执法力度，组织实施了退牧还草等工程，畜牧业保持稳步发展。2014年，牧业从业人员有95.70万人，人工种草保有面积356万公顷，围栏草场面积新增

---

① 数据来源：内蒙古自治区林业和草原局，网址：http://lcj.nmg.gov.cn/lcgk_1。

81.4万公顷，畜棚面积15 121.28万平方米，畜圈面积16 633.41万平方米。

6. 畜种资源优良

内蒙古不同的草原生态类型培育出不同类型的牲畜品种，是我国畜种资源最丰富的省区之一。优良品种有三河马、三河牛、科尔沁牛，毛肉兼用的内蒙古细毛羊、乌兰察布细毛羊，毛用的鄂尔多斯细毛羊、科尔沁细毛羊，肉用的乌珠穆沁羊、苏尼特羊、呼伦贝尔羊，绒用的内蒙古白绒山羊、乌珠穆沁白绒山羊，还有阿拉善双峰驼等。其中，三河牛是我国唯一适应高寒地区环境的乳肉兼用型选育品种，乌珠穆沁羊以肉质鲜嫩无膻味而颇受消费者的青睐；白绒山羊是中国绒用羊品种之宝，被称为"纤维宝石""软黄金"，在国际市场上享有盛誉。

近年来，牧区加大了优良畜种的保护、开发和利用，通过提纯复壮和建设标准化畜群，提高了优良畜种的单产和品质。同时，还积极引进了国外的优良畜禽品种，利用杂交优势，提高了畜群质量。全区良种、改良种牲畜占全区牲畜总头数比重达到93%，基本实现了畜禽良种化，为市场提供优质高端的畜产品奠定了基础。

7. 主要畜产品产量保持稳定

内蒙古是全国畜肉产品供应的重要生产基地。2018年末牲畜存栏数7 277.9万头（只），比上年下降2.2%。其中，生猪存栏497.3万头，下降1.6%；牛存栏616.2万头，下降6.1%；羊存栏6 001.9万只，下降1.8%。内蒙古牲畜总头数总体保持平稳增长的态势，主要畜产品产量保持稳定，牛奶、羊肉、细羊毛、山羊绒等主要农产品产量均居全国第1位。

2018年，自治区年肉类总产量267.2万吨，比上年增长0.8%。其中，羊肉产量106.3万吨，占全国羊肉总产量的22.7%，居全国首位；牛肉产量61.4万吨，占全国牛肉总产量的7.9%，居全国第3位；牛奶产量565.6万吨，增长2.3%，居全国第1位，远远超出其他省区。猪肉产量71.8万吨，下降2.3%；禽肉产量19.7万吨，下降2.0%。禽蛋产量55.2万吨，增长3.7%。

表4-4 2016—2017年内蒙古自治区主要畜产品产量

项 目	2016年	2017年
当年出栏肉猪头数/万头	644.95	918.96
当年出栏和自宰的肉用牛/万头	339.75	363.19
当年出售和自宰的肉用羊/万只	6 112.82	6 257.87
当年肉类总产量/吨	2 363 006	2 651 630
猪肉产量/吨	511 302	735 240
牛肉产量/吨	555 926	594 841

项　目	2016年	2017年
羊肉产量/吨	1 013 085	1 041 276
奶类产品/吨	5 928 746	5 596 304
牛奶/吨	5 856 545	5 528 578
山羊毛产量/吨	18 691	16 801
山羊粗毛/吨	10 193	8 775
山羊绒产量/吨	8 498	8 026
绵羊毛产量/吨	132 925	126 682
蜂蜜产量/吨	5 124	4 563
禽蛋产量/吨	538 154	532 092
年末实有家禽/万只	4 500.97	4 416.32
水产品/吨	158 298	156 181

数据来源:《内蒙古统计年鉴2018》。

（二）绿色农产品加工现状

1.农牧业产业化长足发展

农牧业产业化取得积极进展，市场竞争力不断提高。全面落实"建设绿色农产品生产加工输出基地"思路，形成了以"农牧业产业化为抓手，促进一二三产联动发展"的全产业链发展模式，农牧业产业化得到了长足发展。

2016年，全区农牧业经营户3 449 990户，其中规模农牧业经营户299 330户。全区农牧业经营单位54 076个。2016年末，在工商部门注册的农牧民合作社总数77 710个，其中农牧业普查登记的以农牧业生产经营或服务为主的农牧民合作社31 105个。

2015年全区销售收入500万元以上农产品加工企业实现销售收入4 087.9亿元，比2010年增长69%。农产品加工率达到58.9%，比2010年增长6.6个百分点。现有国家级农牧业产业化重点龙头企业38家、自治区级重点龙头企业556家、上市公司10家，分别比2010年增加 9家、298家、3家。农产品中国驰名商标达到66件，比2010年增加33件。产业多元发展格局初步形成，围绕乳、肉、绒、粮油、薯菜、饲草料、林下经济及特色产业等七大主导产业多元发展，内蒙古已成为国家重要的绿色农产品生产加工输出基地。

2.畜产品加工业发展迅速

畜牧业不仅是内蒙古特色经济中的重要组成部分，而且是内蒙古民经济的支柱产业之一，畜牧业产业化格局基本形成。肉羊养殖已经形成草原牧区、农牧交错区和农区三大优势区域；奶牛养殖包括土默川、河套平原、锡林郭勒盟和乌兰察布市农牧交错区、科尔沁草原和西辽河平原区、大兴安岭岭西区的五大牛奶生产区；肉牛优势产区为东部传统肉牛养殖区和中西部新兴肉牛养殖区。

畜产品加工业发展迅速，已成为内蒙古的优势支柱产业。全区以畜产品为原料的加工制品种类达 26 种，牛奶、细羊毛、羊绒、羊肉产量均居全国第一位，奶制品、无毛绒、羊绒制品、牛羊肉、活羊、地毯等产品畅销国内外。乳制品加工业、肉类加工业、毛绒加工业三大畜产品加工业规模以上工业总产值占内蒙古规模以上工业总产值的比重不断增加。2014 年，全区奶牛养殖业产值占农牧林渔业比重达到21.1%，乳制品加工业占农产品加工业比重达7.8%。全区已形成一批畜产品加工知名企业与品牌。乳制品加工业的两大品牌——伊利、蒙牛年产值合计超千亿元，销售额分别居世界乳制品企业第10位和第15位；以小肥羊、蒙羊等品牌为代表的肉类产品加工业和餐饮连锁企业遍布大江南北；以鄂尔多斯、维信和兆君等品牌为代表的毛绒加工业在国内外市场享有很高的知名度，2016 年，鄂尔多斯品牌价值808.55亿元，荣登"中国500最具价值品牌"排行榜第43位。

3.口岸加工企业快速发展

俄罗斯、蒙古输华粮食返销试验性项目吸引了国内外大型粮油加工企业的极大关注。西安山林国际贸易有限责任公司、满洲里恒升粮油食品进出口有限公司、二连浩特市金古源粮油有限公司等企业投资近2亿元在口岸建设了3家榨油厂，内蒙古伊泰生态农业有限公司投资5亿元在满洲里口岸建造了农产品仓储、物流、加工一体化大型企业，并建设铁路专用线和专业粮食接卸平台。山东鲁花、益海嘉里粮油等国内外知名粮油加工企业也提出落户或投资意向，内蒙古口岸粮油加工产业已然成为口岸经济发展新的增长点。

截至目前，自治区"走出去"农业企业数量已达25家，种植面积143.61万公顷。自治区在俄蒙农业"走出去"合作项目100多个。内蒙古各口岸已回运"走出去"粮食33.75万吨，在口岸落地加工29.17万吨，产值25.76亿元。边境地区赴俄、赴蒙农业种植劳务输出6 000多人次，口岸粮油加工产业为满洲里市、二连浩特市提供了大量的就业岗位，实现了良好的经济效益和社会效益。

（三）绿色农产品贸易现状

1.对外贸易总额持续增加

作为我国重要的农产品生产和商品基地，内蒙古已成为我国重要的农产品出口地区。2008—2018 年，内蒙古农产品出口额持续增加，2018 年同比增加10.3%。

2018年，内蒙古农产品进出口总值达106.38亿元，比2017年增长11%，顺差为16.42亿元。2017年，内蒙古农产品进出口贸易总额为96.24亿元，占内蒙古对外贸易进出口总额的10.2%（如表4-5所示）。

表4-5　2008—2018年内蒙古农产品进出口额

年度	进口		出口	
	金额/亿元	同比/%	金额/亿元	同比/%
2018	44.979 8	10.9%	61.398 8	10.3%
2017	40.559 1	16.9%	55.676 1	12.3%
2016	34.691 2	15.8%	49.595 1	23.9%
2015	29.957	−3.3%	40.027 5	52.5%
2014	30.974	12.7%	26.245 6	19.9%
2013	27.479 1	81.7%	21.885 7	−13.5%
2012	15.124 9	−20.5%	25.315 3	26.9%
2011	19.025 1	20.5%	19.946 7	0.1%
2010	15.784 5	115.0%	19.936 6	16.2%
2009	7.342	2.2%	17.162 2	−5.5%
2008	7.181 4	—	18.165 9	—

数据来源：呼和浩特海关。

2.内蒙古各章农产品对外贸易情况

根据表4-6数据，2017年内蒙古农产品对外贸易中植物产品出口大于进口，动物产品出口大于进口。农产品在内蒙古对外贸易总额中占比9.3%，虽然占比小，但却是未来内蒙古对外贸易新的增长点。

表4-6　2017年内蒙古进出口金额（按产品分类）

单位：万美元

产品类别	出口额	进口额
活动物、动物产品	3 217.2	29 864.7
植物产品	58 862.8	17 526.1
动植物油脂及分解产品等	211.0	603.4
食品、饮料、烟草等	19 142.5	2 702.9
矿产品	15 584.1	513 644.0
化学工业机器相关工业的产品	119 892.3	24 804.0
塑料及其制品等	23 573.9	12 854.4
生皮、皮革、皮毛及制品等	2 622.6	1 082.2

续 表

产品类别	出口额	进口额
木及木制品等	5 136.5	188 161.4
木浆、纸等	2 024.4	30 041.8
纺织原料及纺织制品	47 189.4	6 648.7
鞋、帽等	3 160.8	3.1
石料、石膏、水泥等	4 869.5	2 094.1
天然或养殖珍珠等	199.5	78.9
贱金属及其制品	96 940.7	6 413.8
机器、机械器具等	33 169.0	49 674.7
车辆、航空器等	39 820.5	3 996.6
光学、照相等	2 548.7	5 476.9
武器、弹药等	1.0	—
杂项制品	9 584.1	99.7
艺术品、收藏品及古物	33.1	0.9
特殊交易品及未分类商品	12.1	3 783.3

数据来源：《内蒙古统计年鉴2018》。

将内蒙古1～24章农产品进出口贸易总额由大到小排列（见表4-7）可知，2018年HS12是内蒙古农产品进出口中份额最大的产品，其次为HS04、HS23。谷物及其制品贸易总额较小。另外，HS12、HS07、HS08是出口额较高的农产品。2018年内蒙古进口农产品主要为HS12、HS04、HS02。

表4-7 2018年内蒙古农产品进出口情况（分类别）

单位：亿元

农产品类别及章名		出口额	进口额	贸易总额
油子仁，药用植物等	HS12	26.905 9	15.159 1	42.065
乳制品；鸟蛋；天然蜂蜜；未指定或未包括在内的动物来源的可食用产品	HS04	0.653 5	12.644 3	13.297 8
食品工业其残留物和废物；准备好的动物饲料	HS23	4.781 1	4.358 6	9.139 7
蔬菜和某些块根及块茎	HS07	8.080 4	0.005 7	8.086 1
水果和坚果；可食用；柑橘类水果或瓜皮	HS08	7.439 2	0.124 8	7.564
肉和食用杂碎	HS02	0.681 8	6.648 4	7.330 2

农产品类别及章名		出口额	进口额	贸易总额
蔬菜，水果，坚果或植物其他部分的制剂	HS20	4.456	0.210 9	4.666 9
其他食用制剂	HS21	3.226 1	0.239 6	3.465 7
肉，鱼甲壳类，软体动物或其他水生无脊椎动物及其制剂	HS16	0.306 9	2.965 7	3.272 6
糖和糖食	HS17	2.203 5	0.350 4	2.553 9
谷物	HS10	0.551 5	0.631 5	1.183
活动物	HS01	0.717 5	0.213 7	0.931 2
紫胶；胶，树脂和其他蔬菜汁和提取物	HS13	0.367 6	0.317	0.684 6
动物来源的产品；未在其他地方指定或包括	HS05	0.181 9	0.411 8	0.593 7
鱼和甲壳类，软体动物和其他水生无脊椎动物	HS03	0	0.429 1	0.429 1
饮料，烈酒和醋	HS22	0.275	0.148 5	0.423 5
咖啡，茶，伴侣和香料	HS09	0.232 5	0.000 1	0.232 6
谷物，面粉，淀粉或牛奶制剂	HS19	0.100 6	0.117 3	0.217 9
动植物油脂及其裂解产物；制备的动物脂肪	HS15	0.193 1	0	0.193 1
可可和可可制品	HS18	0.015	0.003 3	0.018 3
树木和其他植物；有生命的；鳞茎，根等；切花和观赏植物	HS06	0.011 2	0.001 2	0.012 4
制粉业产品；麦芽，淀粉，菊粉，小麦面筋	HS11	0.01	0	0.01
编结材料；未在其他地方指定或包括蔬菜产品	HS14	0.008 2	0	0.008 2

数据来源：根据呼和浩特海关数据，作者整理。

注：HS24烟草及其制品数据缺失，表中数据按进出口贸易总额由大到小排列。

2018年，内蒙古出口农产品主要包括葵花籽、南瓜籽仁、脱水蔬菜等，其中出口最大品种为葵花籽。俄罗斯、加拿大、澳大利亚和蒙古是内蒙古四大油菜籽进口来源国。伊朗、伊拉克、埃及为籽仁类主要出口国，德国、美国、韩国为蔬菜类主要出口国。俄罗斯与蒙古是内蒙古主要农产品贸易伙伴，2018年内蒙古对蒙古、俄罗斯农产品出口占农产品总出口贸易额45.5%。其中，内蒙古对蒙古出口农产品占农产品总出口贸易额的22.5%，对俄罗斯出口农产品14.398 5亿元，占内蒙古农产品总出口贸易额的23%①。

二、内蒙古与蒙古农畜产品双边贸易现状

内蒙古在我国对蒙古农畜产品贸易中占有重要位置，2018年占我国对蒙古农畜产品进口贸易额约50.5%。在出口贸易中，内蒙古与天津是我国对蒙古农畜产品出口主要地区，2008—2018年，两者对蒙古出口农畜产品约占全国出口农畜产品的50%，其中，2018年，天津对蒙古出口农畜产品占全国出口农畜产品的24.5%，内蒙古占比22.5%。因此，分析与蒙古农畜产品对外贸易有助于深入了解内蒙古与蒙古农畜产品双边贸易现状。

（一）中蒙农畜产品双边贸易现状

1.中国对蒙古农畜产品贸易进出口额

2008—2018年中蒙贸易额逐年增加，中蒙贸易额从5.85亿元增加至约31.29亿元，增加了约25.44亿元。中国对蒙古进口从1.946亿元增加到22.36亿元，10年同比增加了20.41亿元。中国对蒙古的出口从2008年的3.01亿元增加到2018年的8.93亿元，10年增加了5.03亿元（如表4-8所示）。

表4-8　2008—2018年中国对蒙古农畜产品贸易进出口额

单位：万元

年份	进口额	出口额
2008	19 455.95	39 061.12
2009	34 024.64	29 251.78
2010	40 594.99	37 820.52
2011	49 388.46	50 087.62
2012	56 950.38	50 489.24
2013	72 256.46	57 181.76
2014	81 118.47	58 949.11
2015	130 674.60	53 928.11
2016	176 380.60	64 237.64
2017	234 607.12	73 543.38
2018	223 584.93	89 328.64

数据来源：呼和浩特海关。

---

① 数据来源：呼和浩特海关统计数据，经作者计算得出。

从图4-4我们可以清楚地看出中蒙农畜产品进口额增长幅度很大，中蒙农畜产品贸易规模也是在不断地扩大，中国对蒙古农畜产品出口贸易有较大增长空间。

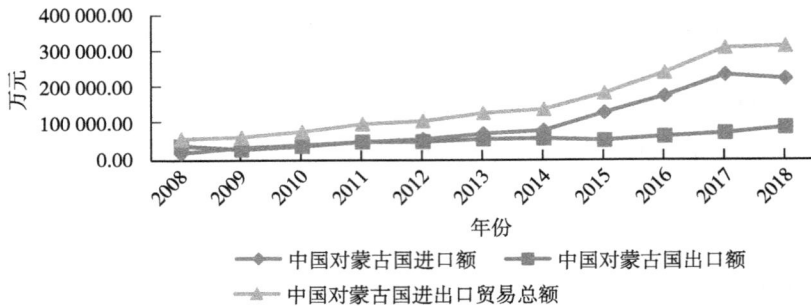

图4-4 2008—2018年中国对蒙农畜产品贸易额

数据来源：呼和浩特海关。

2.中国对蒙古进出口农畜产品种类

第一，从进口农畜产品来看，2017年中国从蒙古进口农畜产品集中在食用水果及坚果（46.6%）、肉及食用杂碎（25.6%），油子仁、药用植物等（23%）三类产品进口额之和占进口总数的95.3%。根据表4-9，2015—2017年，食用水果及坚果进口数量占总进口数量比例明显减少。

表4-9 2015—2017年中国进口蒙古农畜产品

单元：元

HS编码	产品类别	2015年	2016年	2017年
HS01	活体动物	1 931 580	1 740 390	255 543
HS02	肉及食用杂碎	3 611 711	12 667 986	48 975 285
HS03	鱼类和甲壳类动物等	209 251	72 912	—
HS04	乳品、蛋品等	—	7 676	22 833
HS05	动物源性产品	903 771	552 821	805 080
HS06	活树及其他活植物等	—	—	—
HS07	食用蔬菜、根及块茎	4 620	4 000	—
HS08	食用水果及坚果	37 668 865	75 843 866	89 201 775
HS09	咖啡、茶及调味香料	—	—	1 036
HS10	谷物	257 578	—	—
HS11	制粉工业产品等	—	—	—
HS12	油子仁、药用植物等	26 949 599	21 408 723	44 038 479
HS13	虫胶、树胶、树脂等	—	—	—
HS14	其他植物产品	—	—	—

续　表

HS 编码	产品类别	2015 年	2016 年	2017 年
HS15	动、植物油、脂等	—	574 116	155 028
HS16	肉、鱼等制品	—	995 609	3 359 388
HS17	糖及其制品	5 664	4 156	3 000
HS18	可可及其制品	6 303	26 299	8 949
HS19	谷物、淀粉制品	7 586	33 274	27 426
HS20	蔬菜、水果等的制品	4 400	48 007	16 478
HS21	混杂的可食用原料	403	416 156	1 056 502
HS22	饮料、酒及醋等	52 071	132 368	354 865
HS23	食品工业残渣等	2 388 154	3 037 101	2 998 489
HS24	烟草及其代用品的制品	—	—	—

数据来源：UN COMTRADE联合国商品贸易统计数据库。

第二，从中国出口农畜产品种类来看，糖及其制品、肉及食用杂碎、谷物、淀粉制品是近年来中国出口蒙古主要农畜产品。2017年，三者占中国出口蒙古农畜产品总额的49.1%（见表4-10）。另外，2015—2017年，谷物、食用蔬菜出口减少明显。

表4-10　2015—2017年中国出口蒙古农畜产品

单元：美元

HS 编码	产品类别	2015 年	2016 年	2017 年
HS01	活体动物	265 732	186 532	70 389
HS02	肉及食用杂碎	11 803 673	11 735 381	17 973 291
HS03	鱼类和甲壳类动物等	66 692	101 332	89 190
HS04	乳品、蛋品等	259 432	124 436	45 989
HS05	动物源性产品	—	—	—
HS06	活树及其他活植物等	36 778	159 088	7 239
HS07	食用蔬菜、根及块茎	10 613 551	8 670 838	10 219 240
HS08	食用水果及坚果	3 231 579	3 087 589	2 668 734
HS09	咖啡、茶及调味香料	1 328 781	1 437 753	1 149 083
HS10	谷物	8 619 090	6 864 473	6 284 526
HS11	制粉工业产品等	7 400 375	6 404 200	6 173 492
HS12	油子仁、药用植物等	339 543	73 429	9 005
HS13	虫胶、树胶、树脂等	843 548	544 660	521 290
HS14	其他植物产品	12 142	—	—

HS编码	产品类别	2015年	2016年	2017年
HS15	动、植物油、脂等	225 186	5 729 544	7 542 341
HS16	肉、鱼等制品	269 785	462 299	528 352
HS17	糖及其制品	1 563 921	18 219 225	19 701 283
HS18	可可及其制品	810 074	437 999	621 073
HS19	谷物、淀粉制品	12 963 746	13 142 204	15 068 728
HS20	蔬菜、水果等的制品	5 127 518	3 768 620	4 114 472
HS21	混杂的可食用原料	9 412 110	7 265 387	7 632 178
HS22	饮料、酒及醋等	927 759	1 428 147	1 567 950
HS23	食品工业残渣等	4 304 716	1 996 617	1 581 480
HS24	烟草及其代用品的制品	5 094 291	4 462 224	3 844 574

数据来源：UN COMTRADE联合国商品贸易统计数据库。

（二）内蒙古与蒙古农畜产品双边贸易现状

1.内蒙古对蒙古农畜产品贸易进出口额

2008—2018年，内蒙古农畜产品进出口总额不断上升，对蒙古农畜产品进口额略有波动但是大致上也是在不断地上升的。内蒙古对蒙古进口从0.899亿元增加到11.29亿元，10年同比增加了20.41亿元。内蒙古对蒙古的出口变化不大，2008—2013年逐年下降，2014年起略有回升，2018年内蒙古对蒙古农畜产品出口的2.01亿元。

表4-11　内蒙古对蒙古农畜产品贸易进出口额及占比

年份	进口金额/万元	占比/%	出口金额/万元	占比/%
2008	8 987.24	46.2	18 290.34	46.8
2009	30 024.50	88.2	13 338.14	45.6
2010	33 821.81	83.3	14 687.88	38.8
2011	34 644.57	70.1	15 342.14	30.6
2012	35 964.79	63.2	14 525.94	28.8
2013	37 734.93	52.2	15 197.67	26.6
2014	54 681.47	67.4	17 515.33	29.7
2015	54 271.91	41.5	17 750.22	32.9
2016	75 641.62	42.9	15 303.02	23.8
2017	96 392.57	41.1	16 161.93	22.0
2018	112 828.29	50.5	20 090.474	22.5

数据来源：呼和浩特海关。

从图4-5中，我们可以清楚地看出内蒙古对蒙古农畜产品进口额增长幅度较大，内蒙古对蒙古农畜产品出口贸易有较大增长空间。

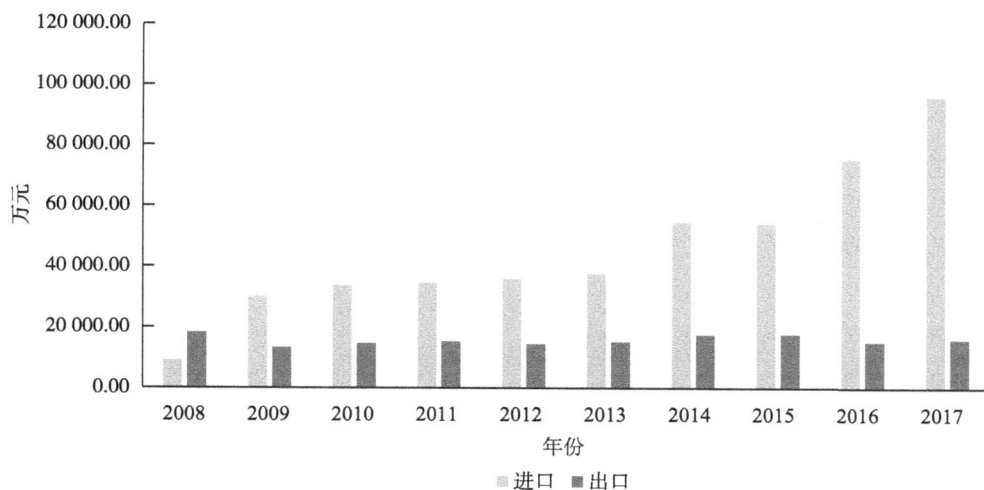

图4-5　内蒙古对蒙古农畜产品贸易进出口额

数据来源：呼和浩特海关。

2. 内蒙古对蒙古进出口农畜产品种类

第一，从进口农畜产品来看，2018年内蒙古从蒙古进口农畜产品集中在未梳其他山羊绒，鲜、冷、冻的马、驴、骡肉，油菜籽，肉、食用杂碎及动物血，牛肉及杂碎，这几类产品进口额之和占进口总数的93.1%（见表4-12）。2017年，内蒙古自蒙古进口未梳其他山羊绒40 778.59万元，占当年进口农畜产品42.3%，油菜籽占17.2%，其他草饲料占3.7%，鲜、冷、冻的马、驴、骡肉占26.7%。内蒙古对蒙古进口农畜产品情况略不稳定。

表4-12　2018年内蒙古对蒙古进口农畜产品金额及占比

进口农畜产品	金额/万元	占比/%
未梳其他山羊绒	28 594.33	25.343 2
鲜、冷、冻的马、驴、骡肉	27 949.83	24.772 0
油菜籽	19 011.68	16.850 1
肉、食用杂碎及动物血	17 612.34	15.609 9
牛肉及杂碎	11 961.05	10.601 1
小麦的糠、麸及其他残渣	2 476.406	2.194 8
未列名食品	1 160.287	1.028 4
未梳脱脂剪羊毛，未碳化	1 144.17	1.014 1

进口农畜产品	金额/万元	占比/%
未列名主要用作药料的植物及其某部分	992.840 8	0.880 0
未梳动物粗毛	664.014	0.588 5
马毛及废马毛，不论是否制成有或无衬垫的毛片	437.240 7	0.387 5
麦芽酿造的啤酒	254.578 6	0.225 6
其他马，改良种用除外	189.487 5	0.167 9
明胶及其衍生物	98.655 6	0.087 4
松子仁	85.5	0.075 8
其他肉、食用杂碎或动物血制成的香肠及类似产品	83.89	0.074 4
干、熏、盐腌或盐渍牛肉	65.569 8	0.058 1
改良种用马	12.479 6	0.011 1
其他草饲料	12.010 3	0.010 6
盐水的其他蔬菜及什锦蔬菜	8.25	0.007 3
以茶、马黛茶及其浓缩精汁为基本成分的制品	4.383 6	0.003 9
伏特加酒	3.310 5	0.002 9
其他未梳动物细毛	1.86	0.001 6
其他无酒精饮料	1.741 5	0.001 5
未加味、加糖或其他甜物质的矿泉水	0.672	0.000 6
未列名制作或保藏水果、坚果及植物其他食用部分	0.445 1	0.000 4
甜饼干	0.317	0.000 3
用醋或醋酸制作或保藏的黄瓜及小黄瓜	0.268 4	0.000 2
块状或条状含可可的夹心食品，重量≤2kg	0.266 2	0.000 2
桃罐头	0.150 6	0.000 1
其他非醋制作的未冷冻蔬菜及什锦蔬菜罐头	0.146 4	0.000 1
其他生面食，未包馅或未经其他方法制作	0.12	0.000 1

数据来源：呼和浩特海关，经计算所得。

第二，从出口农畜产品来看，2018年内蒙古出口到蒙古的农畜产品种类多样，主要包括蔬菜（36.8%）、肉类（22.6%）、水果（11.2%）。这三大类农畜产品出口额之和占总额的71%（见表4-13）。

表4-13　2018年内蒙古对蒙古出口农畜产品前六类

种类	金额/万元	占比/%
带骨的冻鸡块	1 718.39	8.55
未列名鲜或冷藏的蔬菜	1 568.70	7.81
鲜或冷藏的洋葱	1 546.70	7.70
其他冻猪肉	1 245.39	6.20
鲜或冷藏的辣椒，包括甜椒	1 245.25	6.20
中短粒米精米	1 051.24	5.23

综上所述，中蒙农畜产品贸易进出口额虽然呈现逐年上涨的趋势，但是，内蒙古对蒙古出口额增长缓慢，随着世界农业竞争的加剧，寻找与蒙古农业合作新的增长点，加强中蒙两国农业深度合作是现阶段亟待解决的问题。

三、内蒙古与蒙古农畜产品贸易的SWOT-PEST分析

蒙古是与中国拥有最长陆地边界线的北方邻国，中国是蒙古最大的贸易伙伴国。畜牧业是蒙古的传统产业，是国民经济的基础，也是蒙古加工业和生活必需品的主要原料来源，畜牧业产值在农牧业产值中约占83%。近年来，蒙古畜牧业发展态势良好，社会效益和经济效益显著。

SWOT-PEST矩阵分析法是SWOT分析法和PEST分析法的一个组合。SWOT分析法是从组织的内部优势（strength）和劣势（weakness）、外部机会（opportunity）和潜在威胁（threat）进行分析。而pest分析法是指对政治（politics）、经济（economic）、社会（society）和技术（technology）方面进行分析。因此形成以下组合，该组合可以清楚地说明宏观和微观环境对内蒙古与蒙古农畜产品贸易的影响。

（一）内蒙古与蒙古农畜产品贸易的内部优势分析

1.政治方面（SP）

1994年中蒙两国签署《中蒙友好合作关系条约》，为两国关系健康稳定发展奠定了政治和法律基础。1998年和1999年，两国国家元首（江泽民主席、巴嘎班迪总统）进行了对等互访。2003年和2004年，两国国家元首（胡锦涛主席、巴嘎班迪总统）再次互访，发表联合声明，宣布两国建立睦邻互信伙伴关系。2005年11月，新任蒙古总统恩赫巴亚尔对中国进行国事访问。2008年至2011年两国领导人频繁互访（2008年6月习近平副主席访蒙、2009年4月桑吉·巴亚尔总理访华、2010年4月新

任总理巴特包勒德访华、2010年4月额勒贝格道尔吉总统访华、2010年6月温家宝总理访蒙、2011年6月巴特包勒德总理访华），2011年双方决定将两国关系提升为战略伙伴关系。2013年1月，吴邦国委员长对蒙古进行正式访问。2013年10月，阿勒坦呼亚格总理对中国进行正式访问，两国签署《中蒙战略伙伴关系中长期发展纲要》。2014年8月21日至22日，国家主席习近平对蒙古进行国事访问。这是中国国家元首11年来对蒙古的首次访问，也是习主席上任以来再次专程访问单个国家。访问期间，两国领导人决定将中蒙战略伙伴关系提升为中蒙全面战略伙伴关系。2014年蒙古国家大呼拉尔主席恩克包勒德访问中国，2015年蒙古总理其·赛罕比利格访问中国，2016年7月国务院总理李克强访蒙并参加亚欧首脑会议，同年蒙古家大呼拉尔主席米·恩赫包勒德访问了中国。两国关系总体上是良性发展的。

2. 经济方面（SE）

（1）产能互补性

当前，内蒙古与蒙古处于不同的产业发展阶段，与蒙古产品和产业结构上具有较强的互补性。蒙古虽然经历了经济转型，但当前资源型产业结构仍未得到根本性的转变，国民经济发展受到资源和环境的约束性较强。蒙古出口商品结构高度集中在矿产品和畜牧业原材料，虽然资源密集型产业是蒙古现阶段的比较优势，但是，单纯依靠资源类初级产品出口，就可能被固化在国际产业链分工的外围。对于蒙古而言，优化产业结构，提升产业水平，实现出口产品多元化，才能实现贸易和产业结构相互促进以及协调发展。内蒙古与蒙古的合作重点应该放在协助蒙古建设和完善急需的产业链条。蒙古政府有意愿获取国外直接投资，从而推动本国产业发展。内蒙古已经具备推动优势产业"走出去"的能力和条件，应充分利用国内外市场机遇，进一步扩展我国产业发展的国际空间。时任国家总理李克强曾指出，中蒙应相向而行，提升铁路、公路和边境口岸的互联互通水平，扩大矿产品深加工、能源供应、畜牧产品本地化加工等领域的产能合作。

（2）牧业生产及加工已成为内蒙古对蒙投资的主要方向

畜牧业是蒙古的传统产业，是国民经济的基础，也是蒙古加工业和生活必需品的主要原料来源。随着中蒙边境口岸，如二连浩特—扎门乌德、老爷庙—布尔嘎斯台等建设与发展以及中蒙跨境经济合作区的建设与运营，蒙古畜产品的进出口拥有有利的发展条件。

第一，蒙古的畜牧业从总体上看还处于原始放牧状态，"五畜"基本以传统形式放牧饲养，依托天然牧场自然放牧经营，饲料的供给基本处于靠天养畜状态之中。天然牧场自然放牧经营的生产成本相对比较低，但抗自然灾害能力低，影响了蒙古畜牧业的快速发展。天然养殖使蒙古的"五畜"产品品质好，具有很强的市场竞争力。除了五畜外，养鸡业和养猪业近几年也在蒙古发展起来。

第二，蒙古政府支持畜牧业发展。政府已经采取扶持打储草、设立机动草场区、种草面积逐年扩大等措施，重视卫生防疫。尽管如此，蒙古的畜牧业还远远达不到牲畜安全越冬所保障的饲草料量及动物卫生监控要求。由于天气变化一方面会导致牧场的恶化，另一方面放牧牲畜年年增加。截至2022年末，蒙古牲畜存栏量共计约7 110万头（只），同比增长5.6%。所以蒙古尤其是乌兰巴托中央省养殖量在增加，但牧场恶化，所以减少自然放牧，增加了圈养。

第三，在农畜产品加工方面，畜牧业主要加工羊绒、羊毛、皮张、各种肉类，一部分产品直接出口。目前，蒙古肉类加工厂的加工标准达不到国际标准，政府一直在关注提高标准以达到国际水平。在畜牧业方面，蒙古同世界银行、世界发展银行、瑞士、加拿大等畜牧业发达的地区、国家和机构都有合作，合作目的主要是畜牧业管理和如何保护牧民、合作组织。

第四，在从业人员数量方面，2021年，蒙古一年四季放牧、以畜牧业为主要生计来源的牧民户数达到18.86万户，占有牲畜户总数的76.6%。牧民户数增加7600户（4.2%）[①]。

因此，依托蒙古畜牧资源优势，内蒙古对蒙古可以加强在农牧业产品生产、加工方面的投资，例如，饮料生产、食用酒精、奶制品等。因蒙古盛产羊毛、动物皮革等初级产品，但初级产品加工业发展滞后，内蒙古对蒙古毛绒加工的投资较为有利。

3.社会方面（SS）

自2014年8月，中蒙关系提升为全面战略伙伴关系后总体发展势头看好，两国在军事、文化等领域已经就开展合作达成共识，签署了涉及经济、基础设施建设、矿产、教育、金融、文化等诸多领域的26项合作文件，但蒙古独特的国家安全形势决定了它不可能成为一个完全亲华的国家，它更倾向于做一个大国之间的平衡者。中、俄、美、日、欧在蒙古的竞争将会在长时期内持续，并可能对"一带一路"倡议的实现构成影响。

4.技术方面（ST）

这一层面的优势主要以中国对蒙古的铁路投资为主，蒙古交通基础设施市场已经进入了大发展时期，蒙古的交通是制约蒙古经济发展的重要因素。蒙古对于交通设施需求非常大，而我国在长期施工建设过程中积累了丰富的技术技巧和经验。因

---

① 数据来源：蒙古统计局，网址：https://www.1212.mn。

此中蒙两国在基础设施建设方面优势互补。中国可以提供专业的人才来帮助蒙古完成他们的基础设施建设。

（二）内蒙古与蒙古农畜产品贸易内部劣势分析

1.政治方面（WO）

（1）政策不稳定

首先，中国对于与投资相关的法律法规和相关政策有待进一步完善，使得中国企业在海外运营的过程中存在一定的风险。因为蒙古地区政治不太稳定，如果我国企业，尤其是那些高风险、高回报率的企业，若被当地政府征用或者国有化，那么企业将面临巨大的损失，对于国家来说也是一种负担。其次，有关部门应当加强对海外投资企业的管理，但必须是有效率的管理，不可以出现同一个项目多个领导插手的问题，否则有可能会在决策方面产生冲突。与此同时我国企业的高层管理者在进行决策时有时也会出现互相推脱责任的情况，也会导致施工者的不满和企业的失望。

（2）舆论导向堪忧

目前，中国依然是蒙古最大的投资方，但一些中国企业由于资质不足、环保意识薄弱，对当地法律、居民的风俗习惯不够熟悉与尊重，导致因环境问题、资质问题、产品质量问题和两国企业交流问题造成的摩擦时有发生。由于历史原因、舆论歪曲导向等原因，部分蒙古国人对中国存在着敌视和仇视心理，导致蒙古内存在一定的"排华"思潮。在蒙古境内影响华人人身安全的案件虽大大减少，但也偶有发生，中国驻蒙大使馆也曾多次发布提醒中国公民注意在蒙安全的警示。

2.经济方面（WE）

（1）蒙古经济增长明显放缓

目前，在蒙古投资的经济风险主要表现在深陷经济危机之中以及遭受外部经济不景气的影响。蒙古市场狭小，经济结构单一，且过于依赖政府政策导向，并长期依赖于向中国出口原材料产品，导致蒙古经济增长放缓。

（2）蒙古对外贸易发展不振

蒙古十分重视对外贸易的发展，并于1997年成功加入WTO。进入21世纪以来，蒙古的进出口贸易进入一个快速增长阶段。但2008年爆发的金融危机给蒙古进出口造成了极大冲击。随着中国经济迅速恢复，蒙古的对外贸易也因此受益，2010年恢复到危机前的水平，达到了61.77亿美元，2011年突破100亿美元，达到114亿美元。2012以来，随着中国经济增速放缓以及大宗商品价格波动，蒙古对外贸易处于不断下滑之中。

（3）蒙古外商投资风险较高

蒙古有关部门表示，一方面，在蒙古投资的中国企业90%是民营企业，由于企业决策效率和企业的平均利润等问题，与其他国家企业相比，可能会出现大而不强的情况。另一方面，我国一部分民营企业受历史因素的影响，市场创新能力不强，应对风险能力也相对较弱，因此在国际化的潮流中显得稍微逊色一些。

蒙古的农业基础设施相对落后，农业基本上是靠天吃饭。蒙古的交通道路等基础设施建设也相对滞后，直接导致运输成本、时间成本等相关成本较高。同时，蒙古农业生产的自然条件相对比较差，无霜期短，只能种植耐寒和生长周期较短的植物。蒙古的农业生产劳动力也相对缺乏并且极具不稳定性。由于民族传统，蒙古普通人没有储蓄传统，赚了钱就花掉，没钱再来务工。这样导致蒙古在收获季节尤其是抢收季节不能保证劳动力稳定供应。蒙古内劳动力的情况为劳务输出方面的农业合作提供了机会，外来投资企业可以在政策允许的范围内进行劳务输出，保证劳动力的稳定供应。

3.社会方面（WS）

蒙古十分重视劳动就业保障，尤其注意对于本国劳动者劳动就业的保障。蒙古引进劳务及技术人员时需获得境内务工许可，同时应当依法缴纳外籍劳动岗位费。同时，蒙古要求每个在蒙企业为员工缴纳社会保险，但是蒙古与中国之间并未建立起互认社会保险的机制，因此导致赴蒙投资企业在蒙古期间为中国员工缴纳了大量社会保险而最终无法在本国得到承认，大量社保资金被浪费而无法发挥实际效果。中方投资企业及员工应当对这一风险积极应对，通过相关部门推进互认社会保险机制的建立，既避免中方企业浪费大量社会保险费用，也避免中方员工回国后无法享受社会保险服务。

4.技术方面（WT）

（1）基础设施落后

如前文所述，我国在蒙古基础设施建设投资方面具有一定的优势。但是，相较于发达国家来说，我国进入蒙古市场较晚，处于后入者劣势。其他较早进入蒙古市场的国家，如日本和韩国，在蒙古市场拥有了一定的影响力，加上他们自身经济实力的优势和开拓市场的创新能力，在蒙古早就站住脚跟。虽然我国在以惊人的速度提升国家实力，但是差距是毋庸置疑的。加上我国企业自身存在的缺点比如管理和决策能力低下的问题一直存在，因此我国企业在对蒙古投资需要制定长远的计划和清晰地定位。

（2）现代畜牧业发展水平较低

蒙古除部分公司实现了畜牧业产业化经营外，全国畜牧业基本处于散养、自然养殖状态。改良牲畜和良种牲畜所占比例低，不少牲畜自然交配，品种退化严重。此外，一些技术上的缺失也制约了其进一步快速发展的步伐。比如牛粪、羊粪、鸡粪产量巨大，污染环境，无害化处理技术低，不利于畜牧业可持续发展。

5.环境方面（NT）

（1）严酷的气候条件

由于蒙古地处内陆，自然地理状况对其气候有非常大的影响，具有典型的大陆性特征，季温差和日温差均很大。阿尔泰、杭盖、库苏古尔和肯特等山区，夏季的平均气温为14℃至15℃；南部戈壁和东部平原地区最高气温达40℃以上。西北部山区冬季的平均气温为–25℃至–30℃，最低气温达–40℃；戈壁地区冬季平均气温为–15℃至–30℃，最低气温达–38℃。春季（五月至六月）较短，气候温暖；夏季（七月至八月）昼热夜凉，气候较为凉爽；秋季（九月至十月）天气变幻无常，有可能突然变冷甚至下雪；冬季（十一月至次年四月）漫长，气候寒冷。

蒙古干旱少雨、冬季漫长、夏季短暂的温带大陆性气候特征，对畜牧业的发展影响较大。蒙古年平均降水量为200—300毫米，北部多于南部，降水主要集中在夏季。尤其是近年来，蒙古降雨量明显下降，使草原植被面临长期干旱缺水的状态，牧草生产量持续下降，草场逐渐退化，气候变化成为蒙古草原荒漠化加剧的主要原因之一。此外，冬季严寒气候带来的雪灾，牲畜成群地冻死，对畜牧业生产造成了严重损失。草原畜牧业作为蒙古国民经济的支柱产业，面临严峻的挑战。

（2）蒙古气象预警机制以及防护措施乏力

由于蒙古冬季较长、畜牧业自然散养的特点，导致一年当中实际有效放牧时间总体较短，加之缺少技术支持，蒙古畜牧业很大程度上依赖天气状况。然而，由于目前蒙古现有气象预警机制以及防护措施乏力，无法应对极端天气，牧户对牲畜的保护措施也十分有限，遭遇暴风雪、沙尘暴、强风天气、冰雹、旱灾、洪水、白灾、黑灾、冰冻灾等情况时广大牧民均会遭受到巨大损失。牧民现行的防御措施仅局限于畜群放养、饲料、草料等牲畜食品、水源的储备，无法提前应对可能在秋冬季节出现的极端灾害天气，气象预警机制以及防护措施乏力。

（三）内蒙古与蒙古农畜产品贸易外部机遇分析

1.政治方面（OP）

从中蒙两国的发展战略来看，中国在2013年提出和推动"一带一路"倡议后，提出构建人类命运共同体，本着互利共赢的原则同"一带一路"沿线国家开展经贸合作和往来，蒙古作为"一带一路"沿线上的重要节点、中蒙俄经济走廊建设的重要国家之一，是中国的重要合作伙伴。在全球政治经济百年未有之大变局下，加强合作，互利共赢无疑是可行路径。

面对全球百年未有之大变局，中国也在积极应对。2020年4月，习近平总书记在中央财经委员会第七次会议上提出了新发展格局，并在《求是》发文指出："国内循环越顺畅，越能形成对全球资源要素的引力场，越有利于构建以国内大循环为主体、国内国际双循环相互促进的新发展格局，越有利于形成参与国际竞争和合作新优势。"[①]新发展格局的提出，无疑为畅通国内国际双循环提供了行动指南。2022年，中共中央、国务院发布了《关于加快建设全国统一大市场的意见》，对加快建设全国统一大市场的工作做出了系统的部署。该文件进一步支撑了新发展格局，同时，中国也在不断完善市场经济体制、改善营商环境，这都为中蒙农业合作提供了制度保障和环境支撑。

2. 经济方面（OE）

经济基础是投资于一个国家极为重要的因素，经济发展程度往往和投资吸引力成正比。蒙古经济一直处于持续增长的状态，因此我国企业对蒙古的投资既是一个机遇，也是一个挑战，我国企业应该投资未来发展有潜力的行业，并加以创新。

蒙古的大宗农作物是小麦的种植，大概30万公顷，蒙古的小麦产出率比较低，亩产200斤左右。从投入—产出效率的层面看，蒙古的种植业还有相当大的潜力可以挖掘。通过中蒙农业合作，中国的设施农业和农业先进的技术、先进的农耕经验均可以引入蒙古，帮助蒙古提高种植业的投入—产出效率，增加亩产量，为全球的粮食危机作出贡献。目前，全球的小麦供应日益紧张，如图4-6所示，美国农业部（USDA）的数据显示，2021年到2022年以来，全球小麦的库存达到最低点，库销比低于36%，自2019年以来持续下降。按照这样的发展速度下去，小麦的库存量将供不应求，出现缺口。

同时，随着乌克兰危机不断升级，国际能源价格上涨，各类金融市场的不稳定性增加，能源价格上涨也引发了相关链条产品的通货膨胀风险增大，在这种情况下，粮食价格上涨压力增大，加大农业领域的种养殖不仅有利可图，而且能够提高国家的经济安全，蒙古作为俄罗斯的邻国，增加粮食生产和供应是一个发展的机遇。

---

① 习近平. 国家中长期经济社会发展战略若干重大问题[J]. 求是,2020(21).

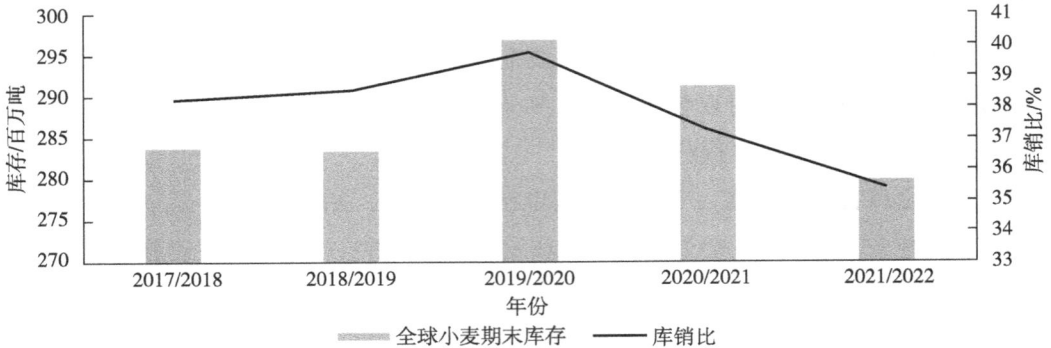

图4-6　2017—2022年全球小麦期末库存和库销比

数据来源：USDA 中信期货交易研究所。

3. 社会方面（OS）

蒙古投资政策法规日益完善。2012年实施《战略领域外国投资协调法》后，蒙古将矿产、金融、媒体通讯三个领域列为关系国家安全的战略性领域，并对外国投资者设置严格限制，严重影响外国投资者对蒙投资信心，在蒙外商直接投资大幅下降。迫于经济压力，2013年蒙古实施新的《投资法》，外国国有企业投资蒙古矿业、银行、通讯及新闻媒体等行业，控股比例超过33%，经蒙古政府主管部门审批即可，无须再提交议会审批。根据蒙古新《投资法》，除法律法规禁止从事的生产和服务行业以外，都允许外商投资。蒙古目前没有特别针对行业的鼓励政策，但在税收稳定等方面，对矿业开采、重工业、基础设施领域有一定的政策倾斜，为增强外国投资者信心。此外，蒙古高等教育学校管理较为松散，相当一部分学生学工结合。全国受过高等教育的人口占总人口的比重很高，未来投资潜力较大。

4. 技术方面（OT）

随着科学技术不断进步，各国都要通过各种方法来提高自己在竞争中的地位，蒙古也不例外。蒙古要通过科技创新和现代化的建设来改变自己落后的面貌，从而提升自己在世界的影响力。蒙古的现代化进程需要提升道路的质量，提升港口基础设施质量，提高电力供应质量和航空可用座公里数。蒙古的现代化进程比率较低，缺口较大。这是中国对蒙古投资基础设施的一个重要的机会。

此外，蒙古由于种植技术和农畜产品加工技术相对落后，导致其丰富的资源尚未得到有效的开发和利用。尤其是广袤的耕地利用率不足，在当下全球粮食危机背景下，全球的粮食缺口在不断增大，中蒙农业合作能够增大蒙古的粮食产品，提高农畜产品的加工和出口能力，扩大农牧产品的有效供给。

（四）内蒙古与蒙古农畜产品贸易外部挑战分析

1.政治方面（TP）

蒙古政治环境整体稳定，但受政治选举周期和政党轮替影响，政策连续性和稳定性时有波动。除此之外，随着近年来赴蒙古从事商务活动、旅游和学习的外国人数量不断增加，针对外国人的盗窃、抢劫、诈骗活动数量也随之攀升。特别是蒙古当地诸如"蓝色蒙古""泛蒙古运动"等"排华"组织，经常进行针对中国公民和中资企业的盗窃和抢劫活动。如此种种政治原因都使得中国投资蒙古的风险远远大于其他区域。

2.经济方面（TE）

蒙古基础设施较为落后，很多地区交通不便利，在水力、电力方面也比较落后，使得中国企业在蒙古投资的成本增加。同时，由于蒙古的医疗和通信服务的落后，影响企业员工的日常生活。虽然蒙古劳动力较为低廉，但是劳动力的素质不高，人均受教育程度很低也是蒙古面临的困境之一，这也是一直制约着蒙古的经济发展和外资引进的一个极为重要的因素。较低的劳动力素质会导致投资吸引力降低，由此使得产品竞争力降低，经济指数下降。

3.社会方面（TS）

我国对蒙古投资除了铁路、公路等领域之外，还对蒙古的贫困地区提供一定的援助，如帮助失学儿童重返校园，给予医疗援助。然而这些举动在其他国家眼中被视为"侵略"，是中国干涉蒙古的一种手段，以至于蒙古存在一种"中国威胁论"的言论，他们害怕我国控制他们的经济命脉，因此对一些领域进行投资限制，或者对我国企业实施歧视性的投资政策。除此之外，中蒙之间文化差异较大也是一劣势，文化差异可能导致当地政府对我国企业的沟通不畅。

4.技术方面（TT）

首先，目前蒙古缺乏中高级技术水平的员工，中资企业在运作中方劳务工人入蒙进行合法务工时，受蒙古政策、法律法规的制约，对中资企业的技术和人才提出了较大的要求。其次，在蒙中资企业高端农畜产品生产、加工能力不足，投资效益较低。人员技术、生产加工等技术因素制约了对蒙投资企业的发展。中国企业"走出去"需要有国家外交、军事、文化、金融、法律、智库等全方位的支持。

表4-14　内蒙古与蒙古农业合作SWOT-PEST分析总结

	政治P	经济E	社会S	技术T
优势S	1."一带一路"倡议 2.南南合作 3.中蒙经济论坛	1.中蒙产能互补 2.对蒙投资流量增加	1.中蒙关系友好 2.蒙古人民对中国好感度较高	1.中方较强的国际竞争力 2.完善的自主创新体系
劣势W	1.中国政策法规不完善 2.对外投资法律不健全	1.自主创新能力较弱 2.民营企业大而不强	1.贫富差距 2.人才匮乏	1.后入者劣势 2.决策效率低下
机会O	1.蒙古家欢迎外来投资 2.中蒙友好建交，互不干涉	1.蒙古经济发展较快 2.人均收入逐年升高	1.蒙古渴望改善基础设施 2.人口增长率逐年升高	1.基础设施建设缺口较大，且蒙古想改变这一现状
威胁T	1.部分蒙古政治局势仍然不稳定 2.蒙古腐败程度严重	1.蒙古制造业水平较低 2.劳动力素质低 3.汇率波动幅度大	1."中国威胁论"仍然存在 2.文化差异较大	1.高级技术水平员工不足 2.高端生产能力不足

第五章

中蒙农畜产品贸易的要素互补性与竞争性分析

一、中国与蒙古农畜产品供需互补性分析

鉴于中蒙农产品贸易在中蒙农业合作中占据的重要地位，又考虑到数据的可得性，本章在中蒙农业合作的框架下主要分析中蒙农产品贸易的供需互补性、农产品贸易的竞争性指数、贸易竞争力指数，并选择具有代表性的内蒙古地区分析内蒙古与蒙古农产品贸易特征。

（一）中国与蒙古农畜产品的供给互补性

1. 我国粮食产量稳步提高，农畜产品品种丰富

自从1978年以来，我国农畜产品生产状况获得了巨大的改善。目前，我国已经在基本上达到了农畜产品供给和需求相互持平的状况，用占世界十分之一的耕地生产出满足了世界五分之一的人口所需要的粮食。在2013年，我国的粮食产量第一次达到了6亿吨，在2016年我国粮食的产量更是到达了6.16亿吨，是新中国成立初期的5.5倍，比改革开放初期增加1倍多。目前，我国粮食的产量保持在6亿吨左右，人均粮食产量保持在800斤左右。其他种类的农畜产品如棉花、肉类、牛奶产量都有很大程度的增加。

从图5-1中我们看到2000—2016年中国粮食产量快速增长，我国水果产量从6 225.1万吨到28 351.1万吨，增加了22 126万吨。随着我国人民收入的增加，水果的需求量也不断增加，我国水果的产量会进一步增加，农畜产品贸易中水果贸易的比重也会增加，将更加多样地满足人民需要。

通过图5-2我们可以看出，我国近16年来主要的畜牧业产品和水产品正处于一个高速发展的阶段。我国猪牛羊肉在2016年达到了6 475.27万吨，比2001年的产量增多了1 643.17万吨，猪牛羊肉产量增长是由于我国人民收入的提高和对肉类需求量的增长。牛奶和水产品产量的增加更加说明了我国居民在满足基本生存需要的谷物和肉类需求外，开始更加注重饮食的营养均衡了，开始增加了畜产品和水产品的消费，对这两类食品的需求增加刺激了其产量增加。

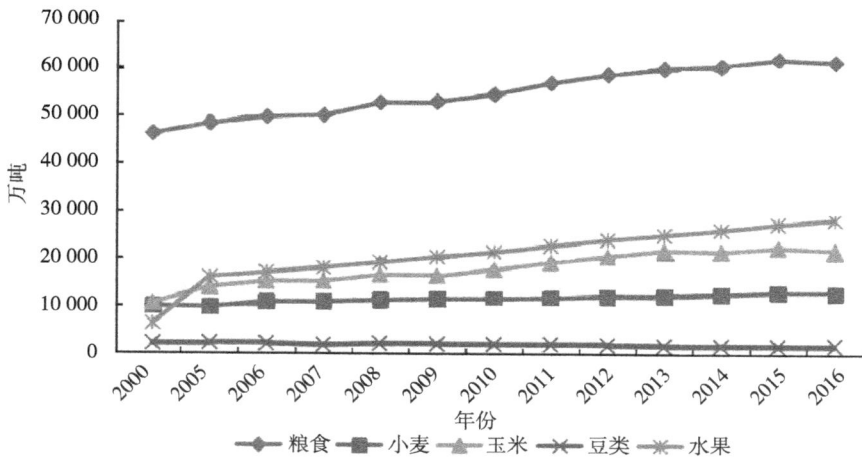

图5-1 2000—2016年中国主要农副产品年产量

数据来源:《中国统计年鉴》,网址:www.stats.gov.cn/sj/ndsj/。

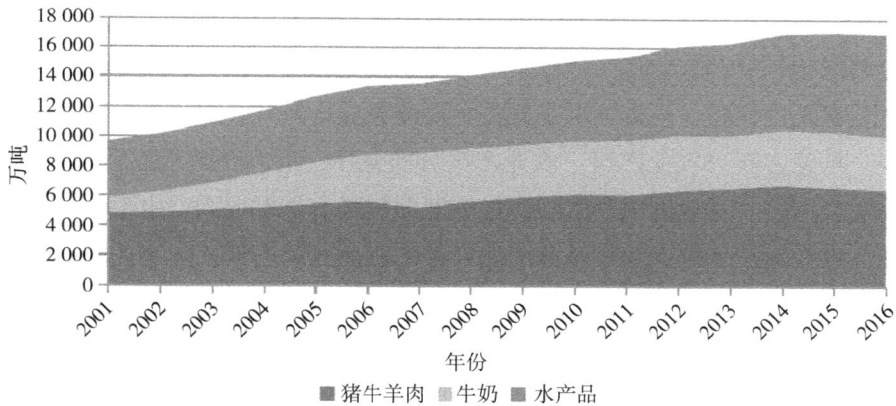

图5-2 2001—2016年中国主要农畜产品和水产品年产量

数据来源:《中国统计年鉴》,网址:www.stats.gov.cn/sj/ndsj/。

通过图5-3我们可以看出,随着我国经济的迅猛发展,我国主要农畜产品的人均产量大都处于一个不断增加的状态,农畜产品产量增加会不断地满足我国国民的需求。此外,多余的农畜产品可以通过与其他国家进行农畜产品贸易的方式来提高我国人民的生活水平。

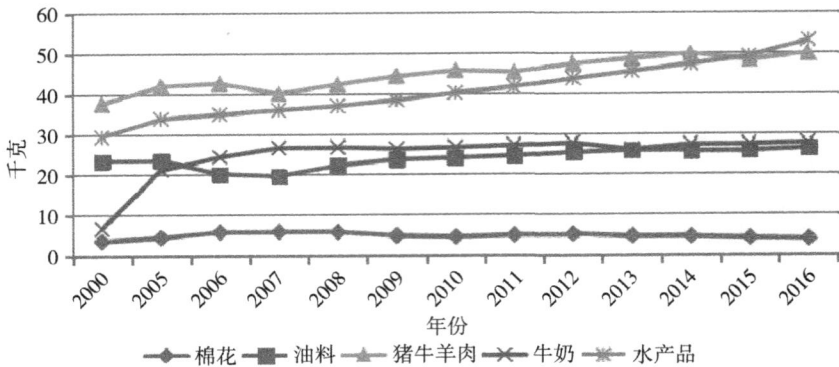

图5-3　2000—2016年中国人均主要农副产品的产量

数据来源:《中国统计年鉴》,网址:www.stats.gov.cn/sj/ndsj/。

2.种植业是蒙古发展亟待发展行业,农业产业化水平低

通过第二章分析可知,蒙古的主要农作物为谷类、小麦、马铃薯、包心菜、黄瓜、洋葱、番茄等,近年来种植业种类不断丰富,产量稳定提高。受地理环境、气候条件的影响,蒙古农业产区分布集中,主要分布在色楞格河流域。色楞格河流域由于水资源条件较好,一直以来是蒙古主要的农业生产区。东方省耕地面积占全国的10%,是蒙古新兴农业产区。农业产区分布集中,有利于形成农业产业集聚区,促进农业发展。自《建设中蒙俄经济走廊规划纲要》签署以来,中蒙两国加深了在种植业、农业新技术等农业领域方面的合作。目前我国赴蒙投资农业的中资企业数量快速增长,在蒙从事小麦、油菜籽、牧草、温室蔬菜种植等。农业实为蒙古的产业基础和社会经济的定衡柱,是目前蒙古发展水平最低同时又最急迫的产业。

因此,农业产业化是蒙古农业发展的趋势,中国与蒙古进行农业合作应逐渐将聚集在种植领域的农业资本转向加工环节、产品收购、储存和打通内陆海运流通渠道、销售渠道建设等方面。例如,在蒙古投资油菜籽加工企业,进行粗加工,运至我国再进行精加工,以减少成本,增加收益。

3.蒙古现代畜牧业发展水平较低,畜产品品种退化,畜牧业加工能力不足

2001年,蒙古大呼拉尔规定,将22个省(市)分为5个经济、地理特征和区域发展具有明显差异的地带,分别是西部、杭盖、中央、东部和乌兰巴托,即把蒙古的农业区划为5个农牧业地带。90%的家畜集中在杭盖、西部、中央以及东部等四个地带。乌兰巴托的家畜数量和农作物种植比重相对少;杭盖地带的牛、绵羊、山羊和马的数量最多,其次是中央地带;骆驼主要分布在南部的戈壁沙漠地区。在蒙古的"五畜"中,山羊占比依然最大,传统畜牧业方式下山羊对戈壁生态环境的破坏比较大,这使得蒙古草原生态环境的破坏比较严重。因为植被破坏容易引起雪灾等自然灾害，造成牲畜大量死亡，至植被恢复时牲畜数量也已增加，又易引发新一轮的自然灾害。蒙古现行的传统畜牧业就是在循环往复的破坏、恢复、破坏中艰难发展。

蒙古畜牧业对外合作尚未形成有效的合作机制及可复制的合作方式。本研究团队对分布在蒙古乌拉巴托附近的农业园、肉联厂等企业进行了走访调研，发现每家企业面对的情况不一样，经营方式也存在差异性，不同行业的差异性更加明显，由于政策的多变性，蒙古农业对外合作还没有形成有效机制及可复制的合作方式。

（二）中蒙两国农畜产品的需求互补性

1.中国农畜产品需求

通过图5-4我们可以清楚地看出城镇居民购买粮食产量经历了一个"U"形的发展历程，20世纪90年代城镇人均购买粮食数量由100千克以上减少到了21世纪初的75.9千克，自2007年后出现了增长的态势至2013年达到了一个新的高峰，城镇居民人均购买粮食产量达到了121.3千克。从中我们还可以看出虽然粮食购买量少了，但是其他食品如牛奶和肉类增加了，这是一个饮食结构优化的过程，也是人民对饮食要求不断提高的过程。未来，我国居民对肉类、鲜奶和蔬菜的需求量还将不断增大，此类的农畜产品贸易会显著发展。

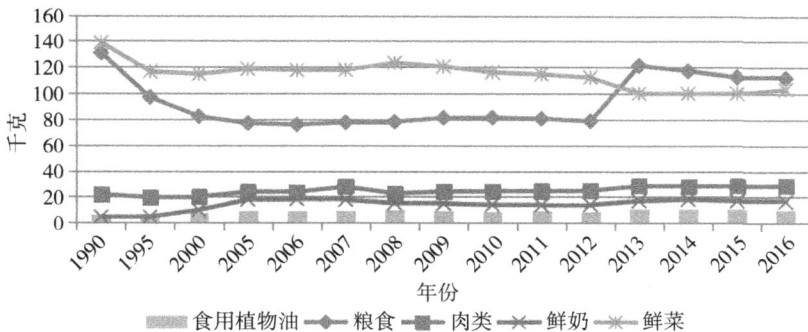

图5-4　1990—2016年中国城市的居民人均购买的主要食品数量

数据来源：《中国统计年鉴》，网址：www.stats.gov.cn/sj/ndsj/。

2.蒙古农畜产品需求

当前蒙古居民饮食习惯主要是基于肉类、奶、面粉，蔬菜、水果和鸡蛋较少，但是，随着人口和人民收入水平的增加，蒙古内对农畜产品的需求持续增长，购买食品的习惯也愈加多样。

第一，蒙古人口持续增长，对农畜产品需求增加。2018年蒙古总人口为3 238 479人，比上年增加60 580人，增长1.91%。其中，总人口的63.77%未满

35岁；30.94%（即1 002 052）为0～14岁的儿童；62.4%的人口（即2 020 696）为15～59岁的儿童；6.66%的人口（即215 731）为60岁以上的老年人。

第二，自1999年以来，蒙古的消费水平持续增长，除了水果外，对各种食品的人均消费量明显增长。当前，蒙古对农作物的需求为：面粉26万～27万吨、土豆20万吨、蔬菜20万吨、植物油5万吨、10万吨饲料以及2万吨大麦麦芽。世界银行对2050年蒙古对土豆、蔬菜、水果需求的预测，需要土豆25.87万吨、蔬菜26.28万吨、水果13.93万吨。因此，目前，蒙古土豆供应量应能够满足2050年的消费需求，但是蒙古还需要进口蔬菜才能满足国内消费需求。

通过图5-5，可以清楚地看出蒙古城镇成人居民奶类、肉类、面粉和面包的消费量最高，鸡蛋人均消费量在增加，植物油、水果消费量最少。根据世界银行需求预测，未来蒙古居民将增加蔬菜、水果的消费量。

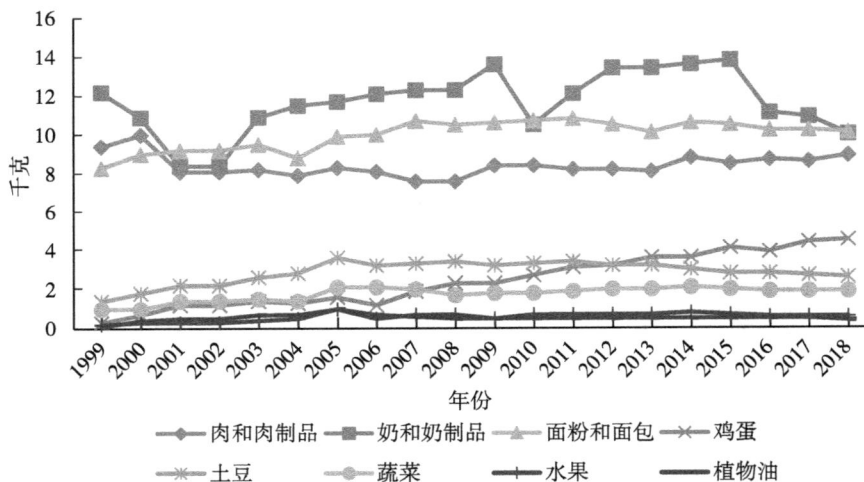

图5-5　1999—2018年蒙古成人年人均食品消费量

数据来源：蒙古统计局官网。

由前述分析可知，粮食制品是中国具有出口优势的农畜产品，蒙古从中国进口的粮食制品占全部农畜产品进口总额比重较大。蒙古地处蒙古高原，属于温带大陆性气候，气候条件恶劣，降水量少，水资源严重匮乏，不利于农作物的生长，从中国进口粮食制品，满足了国内市场的不足。蒙古与中国三面接壤，地理位置优越，交通条件便利，未来中国出口到蒙古的粮食制品有望继续增长。中国从蒙古进口的农畜产品种类较少，畜产品是主要进口农畜产品，蒙古在牲畜的育种、繁育及动物疫病控制技术方面较差，限制了中国对其畜产品的进口。由于疫病问题无法在短时间内得到解决，近几年，中国从蒙古进口畜产品比重不断下降。

综上，中蒙农畜产品贸易整体上具有一定的互补性。畜产品和油籽是蒙古的优势农畜产品，与中国具有互补性，其中畜产品的互补性极强，且长期稳定。中国对蒙古出口的重点农畜产品中蔬菜、粮食制品、糖料及糖等对蒙古具有较强的互补性，其中，蔬菜也是中国最具出口比较优势的农畜产品，目前对蒙古出口总量相对较小，具有较大的出口潜力。

二、中国与蒙古农畜产品贸易的竞争性与互补性分析

（一）中国与蒙古农畜产品贸易竞争性分析

1. 贸易竞争力（TC）指数

国际贸易中经常使用贸易竞争力（TC）指数来衡量两国贸易中占优势的行业或者商品。它是进行产品国际竞争力分析时比较常用的测度指标之一，表示一国（地区）某类商品的净出口与进出口总额之比，计算公式为：

$$TC_{ij} = \frac{X_{ij} - M_{ij}}{X_{ij} + M_{ij}} \tag{5-1}$$

TC_{ij}表示一国与j国对于i产品进出口贸易的差额占进出口贸易总额的比重，式中，X_{ij}表示一国i产品对j市场的出口额；M_{ij}表示一国i产品从j市场的进口额。该指标作为一个与贸易总额的相对值，剔除了经济膨胀、通货膨胀等宏观因素方面波动的影响，即无论进出口的绝对量是多少，该指标均在$-1 \sim 1$之间。其值越接近于0表示竞争力越接近于平均水平；该指数为-1时表示该产业只进口不出口，越接近于-1表示竞争力越薄弱；该指数为1时表示该产业只出口不进口，越接近于1则表示竞争力越大。

①中蒙农畜产品贸易竞争力指数分析

如表5-1所示，从我国整体情况来看，中国的农畜产品贸易竞争力指数比蒙古高。这说明我国的农畜产品对蒙古农畜产品贸易来说是比较优势的农畜产品，但是我国农畜产品的贸易竞争力指数略有下降，由2013年的-0.21下降至-0.22。

表 5-1　2013—2017 年中国与蒙古贸易竞争力指数

国家	年份				
	2013年	2014年	2015年	2016年	2017年
蒙古	−0.85	−0.80	−0.68	−0.68	−0.54
中国	−0.28	−0.26	−0.25	−0.21	−0.25

数据来源：作者计算。

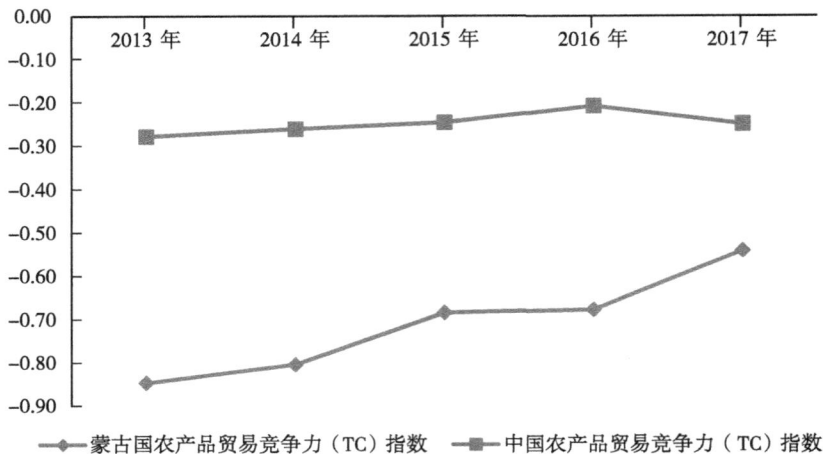

图5-6　2013—2017年中国与蒙古贸易竞争力指数

数据来源：根据UN COMTRADE联合国商品贸易数据库数据计算。

②中蒙各章农畜产品贸易竞争力指数对比分析

由表5-2分析可得出如下结论：

第一，2014—2017年中蒙大部分章节农畜产品贸易竞争力指数波动明显，并略有降低，这意味着相应农畜产品竞争优势均呈现下降趋势。目前，24章农产品中，除了HS02（肉和食用杂碎）、HS05（动物源性产品）、HS08（食用水果及坚果）、HS12（油子仁、药用植物等）外，中国农畜产品的贸易竞争力指数都大于蒙古同类产品。说明，蒙古仅在4章农畜产品中比我国竞争力强，我国农畜产品相比蒙古更具有竞争优势。

第二，中蒙在HS06贸易竞争力指数大于0，说明中蒙均具有竞争优势，并且中国的竞争优势额外明显。中国HS16的贸易竞争力指数接近1，说明我国在肉、鱼及其他水生无脊椎动物制品上具有极强竞争优势，处于出口专业化阶段。中蒙的HS10、HS11、HS14、HS15、HS18、HS19、HS22、HS23、HS24贸易竞争力指数均小于0，说明中蒙均不具有竞争优势。

第三，中国的HS01、HS03、HS05、HS06、HS07、HS09、HS13、HS16、HS17、HS20、HS21贸易竞争力指数均大于0，均具有竞争优势。其中，HS16的贸易竞争力指数大于0.90，具有极强竞争优势。HS05、HS07、HS09、HS13、HS20的TCI值超过0.5，具有较强竞争优势。HS08则由具有竞争优势转变为缺乏竞争优势。

第四，蒙古在HS02、HS05、HS06、HS08、HS12、HS16上具有竞争优势。其中，HS05贸易竞争力指数为1，具有极强竞争优势。HS03、HS04、HS07、HS09、HS10、HS11、HS14、HS15、HS17、HS18、HS19、HS20、HS21、HS22、HS23、

HS24均缺乏竞争优势，其中，除了HS01、HS13以外，贸易竞争力指数均接近于−1，比较劣势明显，以进口为主。

表5-2　2014—2017年中蒙各章农畜产品贸易竞争力指数对比分析

HS编码	产品类别	2014年		2015年		2016年		2017年	
		中国	蒙古	中国	蒙古	中国	蒙古	中国	蒙古
HS01	活体动物	−0.18	1.00	0.04	0.66	0.24	0.53	0.21	−0.36
HS02	肉及食用杂碎	−0.66	1.00	−0.73	−0.28	−0.84	−0.10	−0.82	0.39
HS03	鱼类和甲壳类动物等	0.36	1.00	0.36	−0.75	0.33	−0.90	0.24	−1.00
HS04	乳品、蛋品等	−0.83	1.00	−0.69	−1.00	−0.71	−0.98	−0.79	−0.91
HS05	动物源性产品	0.65	1.00	0.58	0.99	0.54	0.99	0.58	1.00
HS06	活树及其他活植物等	0.37	1.00	0.16	0.38	0.19	0.84	0.09	0.82
HS07	食用蔬菜、根及块茎	0.52	1.00	0.55	−0.99	0.70	−0.99	0.69	−0.97
HS08	食用水果及坚果	−0.09	1.00	−0.08	0.04	−0.03	0.34	−0.09	0.56
HS09	咖啡、茶及调味香料	0.76	1.00	0.73	−1.00	0.63	−0.98	0.72	−0.98
HS10	谷物	−0.87	−0.99	−0.93	−0.95	−0.86	−0.99	−0.81	−1.00
HS11	制粉工业产品等	−0.22	−1.00	−0.24	−0.92	−0.22	−1.00	−0.26	−0.99
HS12	油子仁、药用植物等	−0.87	0.77	−0.86	0.83	−0.87	0.75	−0.89	0.53
HS13	虫胶、树胶、树脂等	0.70	−0.88	0.70	−0.70	0.71	−0.70	0.68	−0.24
HS14	其他植物产品	−0.32	−1.00	−0.22	−1.00	−0.26	0.98	−0.14	−1.00
HS15	动、植物油、脂等	−0.87	−1.00	−0.84	−0.99	−0.85	−0.95	−0.82	−0.97
HS16	肉、鱼等制品	0.95	−0.92	0.94	−0.67	0.95	−0.37	0.95	0.28
HS17	糖及其制品	−0.07	−0.98	−0.14	−0.90	0.08	−0.95	0.11	−0.96
HS18	可可及其制品	−0.29	−0.96	−0.33	−0.96	−0.23	−0.98	−0.27	−0.98
HS19	谷物、淀粉制品	−0.28	−0.99	−0.43	−0.96	−0.49	−0.98	−0.55	−0.99
HS20	蔬菜、水果等的制品	0.82	−0.99	0.79	−0.92	0.76	−0.99	0.75	−0.99
HS21	混杂的可食用原料	0.32	−0.99	0.25	−0.69	0.19	−0.96	0.15	−0.93
HS22	饮料、酒及醋等	−0.31	−0.98	−0.36	−0.98	−0.37	−0.92	−0.41	−0.97
HS23	食品工业残渣等	−0.10	0.00	−0.25	−0.48	−0.05	−0.46	−0.12	−0.49
HS24	烟草及其代用品的制品	−0.24	−0.91	−0.16	−0.89	−0.11	−0.91	−0.14	−0.83

数据来源：由UN COMTRADE联合国商品贸易统计数据库计算得到，网址：https://comtrade.un.org。

2.显示性比较优势指数

显示性比较优势指数（RCA）一般用来表征一个国家某种产品与其他国家同类

产品相比而存在的显示性比较优势大小或竞争强度。[①]

RCA 的计算公式如下：

$$RCA = \frac{X_{ij}/X_{tj}}{X_{iw}/X_{tw}} \qquad (5-2)$$

其中，X_{ij}表示i国第j种农产品的贸易出口额，X_{it}表示i国全部农产品的贸易出口总额；X_{wj}表示世界第j种农产品的贸易出口额，而X_{wt}表示世界所有农产品的总贸易出口额。RCA值大于 1，说明某一国家在该农产品方面相对其他国家而言具有比较优势，且RCA值越大，表明比较优势越明显。若一国$RCA>2.5$，则表明该国这一类产品有极强的国际竞争力；$1.25 \leq RCA \leq 2.5$，说明此类产品具有很强的国际竞争力；$0.8 \leq RCA<1.25$，则认为该此类产品具有较强的竞争力；$RCA<0.8$，则说明此类产品呈现较弱的国际竞争力。当各国在该类农产品上的RCA值均较大时，说明各国在该类农产品贸易方面均具备较明显的优势，因而各国在该类农产品进出口贸易市场上竞争比较激烈。而两国在该类农产品上的RCA值位于"1"的两侧，则表明两国在该类农产品贸易市场上具有较强的互补性，可以开展相关的农产品贸易合作。

①中国农畜产品显示性比较优势分析

按照 HS 编码，1～24 章为农产品类别，根据联合国商品贸易统计数据库数据，整理了 2013 年至 2017 年的相关数据，如表5-3所示。

表5-3　2013—2017年中国农畜产品显示性比较优势指数表

HS 编码	产品类别	2013年	2014年	2015年	2016年	2017年
HS01	活体动物	0.61	0.56	0.59	0.64	0.52
HS02	肉及食用杂碎	0.18	0.20	0.19	0.16	0.15
HS03	鱼类和甲壳类动物等	2.83	2.86	2.75	2.54	2.37
HS04	乳品、蛋品等	0.13	0.13	0.16	0.16	0.14
HS05	动物源性产品	4.85	4.73	4.05	4.10	4.64
HS06	活树及其他活植物等	0.29	0.41	0.32	0.34	0.33
HS07	食用蔬菜、根及块茎	2.74	2.74	2.78	3.00	3.05
HS08	食用水果及坚果	0.98	0.92	1.04	0.99	0.92
HS09	咖啡、茶及调味香料	1.18	1.13	1.10	1.27	1.18
HS10	谷物	0.10	0.08	0.06	0.09	0.14
HS11	制粉工业产品等	0.73	0.69	0.67	0.63	0.69

---

① Balassab. Exports and economic growth:further evidence[J].Journal of Development Economies, 1978, (5): 181-189.

续 表

HS编码	产品类别	2013年	2014年	2015年	2016年	2017年
HS12	油子仁、药用植物等	0.67	0.69	0.67	0.60	0.55
HS13	虫胶、树胶、树脂等	2.92	3.41	3.69	3.65	3.89
HS14	其他植物产品	2.43	2.57	2.85	2.76	2.76
HS15	动、植物油、脂等	0.14	0.15	0.16	0.13	0.17
HS16	肉、鱼等制品	4.17	3.98	3.67	3.54	4.33
HS17	糖及其制品	0.65	0.74	0.80	0.75	0.79
HS18	可可及其制品	0.20	0.23	0.20	0.18	0.16
HS19	谷物、淀粉制品	0.54	0.51	0.49	0.47	0.48
HS20	蔬菜、水果等的制品	2.96	2.75	2.57	2.45	2.60
HS21	混杂的可食用原料	0.90	0.90	0.97	0.97	0.97
HS22	饮料、酒及醋等	0.27	0.32	0.39	0.41	0.40
HS23	食品工业残渣等	0.78	0.88	0.75	0.80	0.78
HS24	烟草及其代用品的制品	0.68	0.63	0.70	0.68	0.66

数据来源：由UN COMTRADE联合国商品贸易统计数据库计算得到，网址：https://comtrade.un.org。

由上述标准可知，我国HS05（动物源性产品）、HS07（食用蔬菜、根及块茎）、HS13（虫胶、树胶、树脂等）、HS14（其他植物产品）、HS16（肉、鱼等制品）、HS20（蔬菜、水果等的制品）是具有极强优势的产品，且出口趋势逐渐扩大；2013—2016年HS03（鱼类和甲壳类动物等）的RCA＞2.5，说明此类产品具有很强的国际竞争力，但鱼类产品竞争力有逐渐减弱的趋势。其余RCA指数均小于1.25。食用水果及坚果，咖啡、茶及调味香料，混杂的可食用原料RCA指数均在1左右浮动，竞争优势较弱；活体动物，肉及食用杂碎，油子仁、药用植物等都出现逐年下降情况。

②蒙古农畜产品显示性比较优势分析

由表5-4可知，蒙古HS02（肉及食用杂碎）、HS05（动物源性产品）、HS08（食用水果及坚果）是具有极强优势的产品，且出口趋势逐渐扩大；2017年HS06（活物及其他活植物等）、HS13（虫胶、树胶、树脂等）、HS16（肉、鱼等制品）、HS24（烟草及其代用品制品）的1.25≤RCA≤2.5，说明此类产品具有很强的国际竞争力。其余RCA指数均小于1.25，竞争优势较弱。

表5-4　蒙古农畜产品显示性比较优势指数表

HS编码	产品类别	2013年	2014年	2015年	2016年	2017年
HS01	活体动物	0.05	0.25	2.70	1.67	0.39
HS02	肉及食用杂碎	2.79	1.64	1.38	2.11	4.18
HS03	鱼类和甲壳类动物等	0.02	0.02	0.02	0.01	0.00
HS04	乳品、蛋品等	0.01	0.00	0.01	0.03	0.16
HS05	动物源性产品	38.75	25.99	21.65	17.36	9.52
HS06	活树及其他活植物等	0.03	0.00	0.50	2.43	1.36
HS07	食用蔬菜、根及块茎	0.20	0.27	0.03	0.01	0.03
HS08	食用水果及坚果	0.00	0.20	2.49	4.42	4.58
HS09	咖啡、茶及调味香料	0.02	0.01	0.00	0.02	0.01
HS10	谷物	0.74	0.03	0.09	0.05	0.00
HS11	制粉工业产品等	0.83	0.00	0.60	0.00	0.02
HS12	油子仁、药用植物等	1.59	6.35	3.47	2.91	0.61
HS13	虫胶、树胶、树脂等	0.39	0.37	0.63	0.51	1.40
HS14	其他植物产品	0.00	0.00	0.00	0.02	0.00
HS15	动、植物油、脂等	0.00	0.00	0.01	0.12	0.04
HS16	肉、鱼等制品	0.01	0.09	0.22	0.52	1.92
HS17	糖及其制品	0.34	0.42	0.95	0.42	0.24
HS18	可可及其制品	0.13	0.17	0.26	0.12	0.09
HS19	谷物、淀粉制品	0.09	0.08	0.23	0.13	0.03
HS20	蔬菜、水果等的制品	0.02	0.10	0.31	0.05	0.03
HS21	混杂的可食用原料	0.17	0.16	2.77	0.28	0.38
HS22	饮料、酒及醋等	0.37	0.12	0.04	0.19	0.05
HS23	食品工业残渣等	1.53	2.48	0.83	0.54	0.44
HS24	烟草及其代用品的制品	5.79	1.83	1.35	0.96	1.34

数据来源：由UN COMTRADE联合国商品贸易统计数据库计算得到，网址：https://comtrade.un.org。

③中蒙显示性优势指数的结构分析

前文分别计算了中国与蒙古各自的农产品显示性优势指数，对其国际竞争力有了大概了解。下面要对中蒙显示性优势指数的结构做简单比较。

第一，中蒙两国的农业生产资源要素存在显著差异，导致中蒙两国具有的比较优势农产品不同。根据表5-3与表5-4，对比分析了2017年两国所有RCA ≥ 0.8的农产品分布结构，从表中我们可以看出虽然中蒙两国的农产品在国际上的竞争力均较弱，但中国相较于蒙古的农产品而言更具有竞争力。中国向蒙古出口具有比较优势的农产品不仅可实现资源的优化配置而且会使福利达到最优。

表5-5　2017年中蒙农畜产品显示性比较优势结构对比

国家	RCA	产品类别
中国	RCA>2.5	HS05（动物源性产品）
		HS07（食用蔬菜、根及块茎）
		HS13（虫胶、树胶、树脂等）
		HS14（其他植物产品）
		HS16（肉、鱼等制品）
		HS20（蔬菜、水果等的制品）
	1.25<RCA ≤ 2.5	HS03（鱼类和甲壳类动物等）
蒙古	RCA>2.5	HS02（肉及食用杂碎）
		HS05（动物源性产品）
		HS08（食用水果及坚果）
	1.25<RCA ≤ 2.5	HS06（活树及其他活植物等）
		HS13（虫胶、树胶、树脂等）
		HS16（肉、鱼等制品）
		HS24（烟草及其代用品的制品）

（二）中国与蒙古农畜产品贸易互补性分析

本部分运用Anderson的贸易互补性指数即TC指数分析中蒙两国农产品贸易吻合程度。其运算公式如下：

$$TC_{ij} = RCA_{xik} \times RCA_{mjk} \qquad (5-3)$$

$$RCA_{mjk} = (M_{jk} / M_j) / (W_k / W) \qquad (5-4)$$

将中国设为i国，蒙古设为j国，RCA_{xik}代表了中国农产品的显示性比较优势指数，RCA_{mjk}代表了蒙古农产品的显示性比较劣势指数，M_{jk}代表了蒙古某一类农产品的进口额，M_j代表了蒙古当年的总进口额。当TC_{ij}的值 ≥ 1时，说明中蒙两国间此类产品具有贸易互补性，可以作为之后的重点贸易对象。

计算TC指数前，需要先算出RCA_{mjk}，表5-6是蒙古农产品显示性劣势指数，可知蒙古大部分农畜产品竞争力较弱。

表5-6　2013—2017年蒙古显示性比较劣势指数

HS编码	产品类别	2013年	2014年	2015年	2016年	2017年
HS01	活体动物	0.13	0.00	0.10	0.10	0.24
HS02	肉及食用杂碎	0.55	0.00	0.49	0.51	0.58
HS03	鱼类和甲壳类动物等	0.02	0.00	0.03	0.02	0.02
HS04	乳品、蛋品等	1.07	0.00	0.83	0.73	0.99
HS05	动物源性产品	0.00	0.00	0.03	0.02	0.01
HS06	活树及其他活植物等	0.05	0.00	0.04	0.04	0.04
HS07	食用蔬菜、根及块茎	0.49	0.00	0.68	0.49	0.60
HS08	食用水果及坚果	0.30	0.00	0.38	0.39	0.35
HS09	咖啡、茶及调味香料	0.39	0.00	0.32	0.32	0.32
HS10	谷物	0.25	0.77	0.65	1.56	0.73
HS11	制粉工业产品等	2.89	3.10	2.79	2.69	1.52
HS12	油子仁、药用植物等	0.05	0.08	0.06	0.07	0.05
HS13	虫胶、树胶、树脂等	0.93	0.70	0.68	0.57	0.66
HS14	其他植物产品	0.01	0.00	0.00	0.00	0.00
HS15	动、植物油、脂等	0.90	1.10	0.92	0.91	0.87
HS16	肉、鱼等制品	0.25	0.25	0.22	0.23	0.30
HS17	糖及其制品	2.90	4.06	3.40	3.33	3.31
HS18	可可及其制品	3.56	3.70	2.52	2.21	2.50
HS19	谷物、淀粉制品	2.49	2.86	2.27	2.09	2.18
HS20	蔬菜、水果等的制品	1.81	2.02	1.53	1.42	1.59
HS21	混杂的可食用原料	2.87	3.28	2.87	2.63	3.18
HS22	饮料、酒及醋等	1.32	1.39	0.93	0.89	0.90
HS23	食品工业残渣等	0.15	0.26	0.42	0.27	0.36
HS24	烟草及其代用品的制品	3.34	4.22	4.31	3.71	4.18

数据来源：由UN COMTRADE联合国商品贸易统计数据库计算得到，网址：https://comtrade.un.org。

表5-7是中蒙两国农产品贸易互补性指数结果，该表反映出两国存在贸易互补性的产品一共有8类，由互补性从大到小排列分别是HS20（蔬菜、水果等的制品）、HS21（混杂的可食用原料）、HS24（烟草及其代用品的制品）、HS17（糖及其制品）、HS13（虫胶、树胶、树脂等）、HS07（食用蔬菜、根及块茎）、HS16（肉、鱼等制品）、HS11（制粉工业产品等）。其中最强的产品是HS20（蔬菜、水果等的制品），

TC指数在2013年达到5.35，但之后有起有落，截至2017年TC指数为4.13。由第四章分析可知，目前，中国向蒙古出口农畜产品主要为糖及其制品，肉及食用杂碎，谷物、淀粉制品。互补性最强的蔬菜、水果等的制品出口额较少，2017年占中国对蒙出口农畜产品总额的3.83%。对于HS21（混杂的可食用原料）来说，目前，中国对蒙古进出口数额不大。因此，中蒙农业合作可以在加深现有产品贸易的基础上，进行HS20（蔬菜、水果等的制品）、HS21（混杂的可食用原料）等产品的贸易。

表5-7　2013—2017年中蒙两国农产品贸易互补性指数表

HS编码	产品类别	2013年	2014年	2015年	2016年	2017年
HS01	活体动物	0.08	0.00	0.06	0.06	0.13
HS02	肉及食用杂碎	0.10	0.00	0.09	0.08	0.09
HS03	鱼类和甲壳类动物等	0.07	0.00	0.08	0.06	0.05
HS04	乳品、蛋品等	0.14	0.00	0.13	0.12	0.14
HS05	动物源性产品	0.02	0.00	0.10	0.10	0.03
HS06	活树及其他活植物等	0.01	0.00	0.01	0.01	0.01
HS07	食用蔬菜、根及块茎	1.35	0.00	1.88	1.47	1.83
HS08	食用水果及坚果	0.30	0.00	0.40	0.39	0.32
HS09	咖啡、茶及调味香料	0.46	0.00	0.36	0.41	0.38
HS10	谷物	0.02	0.06	0.04	0.14	0.10
HS11	制粉工业产品等	2.11	2.14	1.86	1.71	1.05
HS12	油子仁、药用植物等	0.03	0.06	0.04	0.04	0.03
HS13	虫胶、树胶、树脂等	2.72	2.38	2.50	2.07	2.55
HS14	其他植物产品	0.02	0.00	0.00	0.00	0.00
HS15	动、植物油、脂等	0.13	0.16	0.15	0.12	0.15
HS16	肉、鱼等制品	1.04	0.99	0.81	0.82	1.29
HS17	糖及其制品	1.90	3.00	2.71	2.51	2.62
HS18	可可及其制品	0.73	0.84	0.51	0.40	0.40
HS19	谷物、淀粉制品	1.35	1.46	1.11	0.98	1.04
HS20	蔬菜、水果等的制品	5.35	5.57	3.94	3.49	4.13
HS21	混杂的可食用原料	2.58	2.96	2.77	2.55	3.10
HS22	饮料、酒及醋等	0.36	0.45	0.36	0.36	0.36
HS23	食品工业残渣等	0.12	0.23	0.32	0.22	0.28
HS24	烟草及其代用品的制品	2.27	2.68	3.00	2.52	2.77

数据来源：作者计算所得。

三、内蒙古与蒙古农畜产品贸易的互补性与竞争性分析

内蒙古与蒙古各具备差异化的自然资源、独特的农业体系和优势农畜产品，这为内蒙古与蒙古进行深层次的农畜产品贸易互补合作或竞争、实现互利共赢创造了良好的条件。为深入剖析内蒙古与蒙古的农畜产品贸易特征，本研究通过计算内蒙古与蒙古农畜产品贸易的显示性比较优势指数和互补指数，考察内蒙古与蒙古开展农畜产品贸易合作的比较优势和互补程度。

（一）内蒙古与蒙古农畜产品贸易竞争性分析

1.内蒙古与蒙古贸易竞争力指数

从表5-8和图5-7中我们可以看出内蒙古的农畜产品对蒙古农畜产品贸易来说是比较优势的产品，内蒙古农畜产品竞争力总体比蒙古强，蒙古农畜产品竞争力虽然总体偏弱，但近年来持续上升，从2013年的−0.85提升至2017年的−0.54，上升趋势明显。

表 5-8　2013—2018年内蒙古与蒙古农产品贸易竞争力指数

国家或地区	农产品贸易竞争力（TC）指数				
	2013年	2014年	2015年	2016年	2017年
蒙古	−0.85	−0.80	−0.68	−0.68	−0.54
内蒙古	−0.11	−0.08	0.14	0.18	0.16

数据来源：根据来自UN Comtrade数据库的中国、蒙古农畜产品进出口额和来自呼和浩特海关的内蒙古农畜产品贸易进出口数据计算所得。

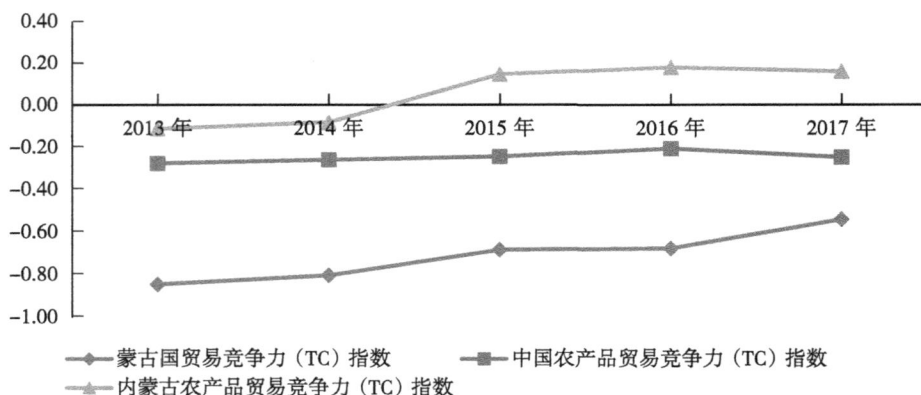

图5-7　2013—2017年内蒙古与蒙古农产品贸易竞争力指数

数据来源：根据来自UN Comtrade数据库的中国、蒙古农畜产品进出口额和来自呼和浩特海关的内蒙古农畜产品贸易进出口数据计算所得。

2.内蒙古与蒙古农畜产品的TCI值

由表5-9分析可得出如下结论：

表5-9　2013—2017年内蒙古与蒙古农畜产品贸易竞争力指数对比分析

HS 编码分类	2013年		2014年		2015年		2016年		2017年	
	内蒙古	蒙古	内蒙古	蒙古	内蒙古	蒙古	内蒙古	蒙古	内蒙古	蒙古
HS01	−0.214	−0.935	0.771	1	0.389	0.664	0.465	0.526	0.709	−0.361
HS02	−0.093	−0.38	0.488	1	−0.268	−0.278	−0.583	−0.097	−0.81	0.388
HS03	−1	−0.875	−1	1	0.663	−0.752	−0.236	−0.897	0.704	−1
HS04	−0.974	−0.999	−0.958	1	−0.961	−0.995	−0.907	−0.983	−0.923	−0.908
HS05	−0.439	0.998	−0.449	1	−0.928	0.988	−0.727	0.986	−0.508	0.996
HS06	1	−0.887	1	1	0.822	0.383	1	0.842	1	0.818
HS07	0.999	−0.938	0.999	1	1	−0.985	1	−0.993	1	−0.974
HS08	1	−1	1	1	0.998	0.043	0.989	0.335	0.968	0.562
HS09	0.704	−0.992	0.992	1	0.933	−1	0.976	−0.98	0.995	−0.975
HS10	0.34	−0.602	0.338	−0.991	−0.683	−0.947	−0.773	−0.987	−0.065	−1
HS11	0.114	−0.951	0.46	−1	−0.946	−0.919	−0.295	−1	1	−0.992
HS12	0.676	0.444	0.276	0.772	0.369	0.825	0.424	0.754	1	0.532
HS13	0.658	−0.928	0.718	−0.885	1	−0.701	−0.86	−0.696	1	−0.239
HS14	−1	−1	−1	−1	1	−1	1	0.975	−1	−1
HS15	1	−1	−0.648	−0.999	1	−0.994	0.209	−0.951	−0.479	−0.975
HS16	1	−0.994	1	−0.917	1	−0.672	0.672	−0.368	1	0.284
HS17	−0.913	−0.981	−0.899	−0.978	−0.767	−0.898	−0.064	−0.951	0.727	−0.959
HS18	−0.829	−0.994	−0.065	−0.991	−0.347	−0.964	−0.836	−0.981	−0.009	−0.98
HS19	0.875	−0.994	0.967	−0.994	−0.421	−0.962	−0.067	−0.976	−0.612	−0.992
HS20	1	−0.998	0.991	−0.989	0.998	−0.923	0.884	−0.985	0.998	−0.989
HS21	0.607	−0.99	0.749	1	0.915	−0.688	0.859	−0.96	0.878	−0.933
HS22	−0.942	−0.954	0.301	−0.982	0.154	−0.982	0.199	−0.922	0.287	−0.966
HS23	0.192	−0.099	0.128	−0.004	0.29	−0.475	0.079	−0.459	−0.106	−0.489
HS24	—	−0.754	—	−0.91	—	−0.891	—	−0.909	—	−0.833

数据来源：根据来自UN Comtrade数据库的中国、蒙古农畜产品进出口额和来自呼和浩特海关的内蒙古农畜产品贸易进出口数据计算所得。

第一，2013—2017年内蒙古与蒙古大部分类别农畜产品贸易竞争力指数波动明显。目前，24章农产品中，除了HS02（肉及食用杂碎）、HS05（动物源性产品）外，内蒙古农畜产品的贸易竞争力指数均大于蒙古同类产品。这说明，蒙古仅在第2章农畜产品中比内蒙古竞争力强，内蒙古农畜产品相比蒙古更具有竞争优势。

第二，2017年内蒙古与蒙古在HS06、HS08、HS12、HS16类别上贸易竞争力指数均大于0，说明内蒙古与蒙古均具有竞争优势，并且内蒙古的竞争优势更明显。内蒙古HS06、HS07、HS08、HS09、HS11、HS12、HS13、HS16、HS20的TC指数接近或等于1，说明内蒙古具有极强竞争优势。内蒙古与蒙古在HS10、HS14、HS15、HS18、HS19、HS23类别上均小于0，说明其均不具有竞争优势。内蒙古在HS03、HS17类别上的TC指数大于0.5，具有较强竞争优势。

第三，2013—2017年，内蒙古HS04、HS05、HS18类别的TC指数均小于0，均不具有竞争优势；在HS06、HS07、HS08、HS09、HS12、HS13、HS20、HS21类别上的TC指数虽然波动明显，但均大于0。

3.内蒙古农畜产品显示性比较优势分析

如表5-10所示，内蒙古的HS07（食用蔬菜、根及块茎）、HS12（油子仁、药用植物等）具有极强优势的产品，且出口趋势逐渐扩大；HS08（食用水果及坚果）、HS13（虫胶、树胶、树脂等）、HS20（蔬菜、水果等的制品）、HS21（混杂的可食用原料）、HS23（食品工业残渣等）的 $1.25 \leq RCA \leq 2.5$，说明此类产品具有很强的国际竞争力。其余RCA指数均小于1.25，竞争优势较弱。

表5-10 2013—2017年内蒙古农畜产品显示性比较优势指数表

HS编码	产品类别	2013年	2014年	2015年	2016年	2017年
HS01	活体动物	2.45	1.69	1.22	1.17	0.93
HS02	肉及食用杂碎	0.40	0.38	0.21	0.16	0.16
HS03	鱼类和甲壳类动物等	0.00	0.00	0.01	0.00	0.01
HS04	乳品、蛋品等	0.17	0.24	0.09	0.18	0.16
HS05	动物源性产品	0.39	0.92	0.07	0.23	0.42
HS06	活树及其他活植物等	0.03	0.15	0.15	0.10	0.04
HS07	食用蔬菜、根及块茎	3.16	2.80	2.81	2.62	3.53
HS08	食用水果及坚果	1.12	0.93	1.53	1.99	1.41
HS09	咖啡、茶及调味香料	0.01	0.03	0.04	0.04	0.09
HS10	谷物	0.41	0.44	0.30	0.16	0.16
HS11	制粉工业产品等	0.19	0.14	0.09	0.05	0.05
HS12	油子仁、药用植物等	4.36	4.89	5.51	6.26	6.22
HS13	虫胶、树胶、树脂等	0.59	0.36	0.45	0.53	1.29
HS14	其他植物产品	0.00	0.00	0.30	0.05	0.00

续　表

HS编码	产品类别	2013年	2014年	2015年	2016年	2017年
HS15	动、植物油、脂等	0.02	0.06	0.10	0.05	0.04
HS16	肉、鱼等制品	0.08	0.07	0.20	0.21	0.16
HS17	糖及其制品	0.10	0.01	0.03	0.18	0.71
HS18	可可及其制品	0.00	0.00	0.01	0.00	0.01
HS19	谷物、淀粉制品	0.12	0.10	0.03	0.19	0.05
HS20	蔬菜、水果等的制品	2.17	2.16	1.99	1.36	1.33
HS21	混杂的可食用原料	0.32	0.25	0.96	0.51	1.42
HS22	饮料、酒及醋等	0.00	0.14	0.06	0.06	0.07
HS23	食品工业残渣等	4.87	4.85	3.61	3.15	2.00
HS24	烟草及其代用品的制品	0.00	0.00	0.00	0.00	0.00

数据来源：由呼和浩特海关数据、UN COMTRADE联合国商品贸易统计数据库数据计算得出。

4. 内蒙古与蒙古农畜产品显示性比较优势指数结构对比分析

根据表5-11，2017年内蒙古与蒙古农畜产品显示性比较优势指数结构对比，内蒙古农畜产品竞争力略强于蒙古。

表5-11　2017年内蒙古与蒙古农畜产品显示性比较优势结构对比

国家或地区	RCA	产品类别
内蒙古	RCA>2.5	HS07（食用蔬菜、根及块茎）
		HS12（油子仁、药用植物等）
	1.25<RCA≤2.5	HS08（食用水果及坚果等）
		HS13（虫胶、树胶、树脂等）
		HS20（蔬菜、水果等的制品）
		HS21（混杂的可食用原料）
		HS23（食品工业残渣等）
蒙古	RCA>2.5	HS02（肉及食用杂碎）
		HS05（动物源性产品）
		HS08（食用水果及坚果）
	1.25<RCA≤2.5	HS06（活树及其他活植物等）
		HS13（虫胶、树胶、树脂等）
		HS16（肉、鱼等制品）
		HS24（烟草及其代用品的制品）

数据来源：作者整理。

（二）内蒙古与蒙古农畜产品贸易互补性分析

本部分运用Anderson的贸易互补性指数即TC指数分析内蒙古与蒙古农产品贸易吻合程度。其运算公式如下：

$$TC_{ij} = RCA_{xik} \times RCA_{mjk} \tag{5-5}$$

$$RCA_{mjk} = (M_{jk}/M_j)/(W_k/W) \tag{5-6}$$

将内蒙古设为i，蒙古设为j，RCA_{xik}代表了内蒙古农产品的显示性比较优势指数，RCA_{mjk}代表了蒙古农产品的显示性比较劣势指数，M_{jk}代表了蒙古某一类农产品的进口额，M_j代表了蒙古当年的总进口额。当TC_{ij}的值≥1时，说明内蒙古和蒙古此类产品具有贸易互补性，可以作为之后的重点贸易对象。

表5-12是内蒙古与蒙古农产品贸易互补性指数结果，该表反映出两者存在贸易互补性的产品一共有4类，由互补性从大到小排列分别是HS21（混杂的可食用原料）、HS17（糖及其制品）、HS07（食用蔬菜、根及块茎）、HS20（蔬菜、水果等的制品），其中最强的产品是HS21（混杂的可食用原料）。HS20（蔬菜、水果等的制品），TC指数在2013年达到3.91，但之后有起有落，到2017年TC指数为2.11。由第四章分析可知，2018年内蒙古从蒙古进口农畜产品集中在山羊绒，马、驴、骡肉，油菜籽等农畜产品，这些产品进口额之和占进口总数的93.1%。内蒙古出口到蒙古的农畜产品主要包括蔬菜（36.8%）、肉类（22.6%）、水果（11.2%）。因此，内蒙古与蒙古现有农畜产品进出口结构一致程度不高，农畜产品进出口具有互补性。另外，结合竞争性分析来看，内蒙古具有竞争优势的产品也未能在现有对蒙古贸易中发挥其优势。

表5-12　2013—2017年内蒙古与蒙古农产品贸易互补性指数表

HS编码	产品类别	2013年	2014年	2015年	2016年	2017年
HS01	活体动物	0.319 5	0.000 0	0.121 1	0.112 9	0.224 1
HS02	肉及食用杂碎	0.220 8	0.000 0	0.101 4	0.079 9	0.090 1
HS03	鱼类和甲壳类动物等	0.000 0	0.000 0	0.000 4	0.000 0	0.000 1
HS04	乳品、蛋品等	0.176 9	0.000 0	0.072 0	0.131 0	0.157 0
HS05	动物源性产品	0.001 5	0.000 0	0.001 8	0.005 5	0.002 6
HS06	活树及其他活植物等	0.001 6	0.000 0	0.006 5	0.003 9	0.001 7
HS07	食用蔬菜、根及块茎	1.554 5	0.000 0	1.899 4	1.281 0	2.116 5
HS08	食用水果及坚果	0.338 4	0.000 0	0.586 3	0.783 3	0.495 4
HS09	咖啡、茶及调味香料	0.004 2	0.000 0	0.011 9	0.011 5	0.029 1
HS10	谷物	0.102 4	0.343 2	0.196 3	0.255 4	0.119 5

HS编码	产品类别	2013年	2014年	2015年	2016年	2017年
HS11	制粉工业产品等	0.536 8	0.436 5	0.244 0	0.139 7	0.069 9
HS12	油子仁、药用植物等	0.210 6	0.395 9	0.318 8	0.459 7	0.317 8
HS13	虫胶、树胶、树脂等	0.548 1	0.252 1	0.303 3	0.301 8	0.845 5
HS14	其他植物产品	0.000 0	0.000 0	0.000 4	0.000 0	0.000 0
HS15	动、植物油、脂等	0.021 6	0.061 4	0.092 1	0.049 6	0.034 3
HS16	肉、鱼等制品	0.020 3	0.018 0	0.043 6	0.047 9	0.048 0
HS17	糖及其制品	0.291 7	0.056 5	0.110 1	0.594 0	2.335 5
HS18	可可及其制品	0.006 2	0.013 5	0.019 2	0.007 2	0.015 4
HS19	谷物、淀粉制品	0.288 1	0.276 7	0.075 8	0.387 1	0.112 1
HS20	蔬菜、水果等的制品	3.915 6	4.361 4	3.043 6	1.941 6	2.113 1
HS21	混杂的可食用原料	0.933 3	0.805 7	2.744 5	1.332 5	4.511 2
HS22	饮料、酒及醋等	0.003 8	0.190 8	0.052 1	0.057 0	0.059 0
HS23	食品工业残渣等	0.721 7	1.262 5	1.525 2	0.862 4	0.717 6
HS24	烟草及其代用品的制品	—	—	—	—	—

数据来源：作者整理。

第六章

中蒙农业合作绿色发展路径

　　根据中蒙农业绿色合作现状的分析，我们可以得出影响中蒙农业绿色合作的外部因素以及内部因素，并对症下药为中蒙农业产业合作绿色转型路径谋对策、出建议。具体绿色转型路径如图6-1所示。

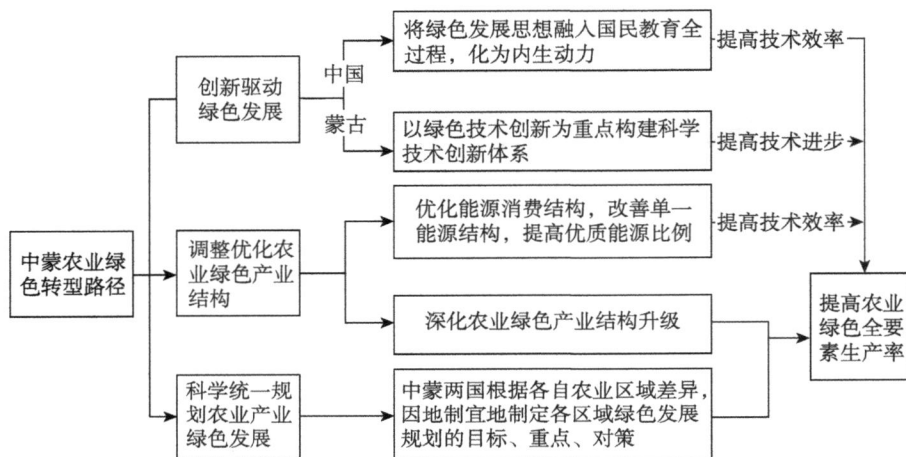

图 6-1　中蒙农业产业合作绿色转型路径

一、以创新驱动农业绿色发展

（一）我国农业绿色发展的创新路径

　　思想理念的创新和技术的创新对农业绿色的发展都发挥着举足轻重的作用。首先，我国过于追求农业经济增长、高投入高耗能的农业方式，导致资源利用率低和农业生态环境的破坏，不利于农业的可持续发展。因此，应提高资源利用效率，关键在于加强绿色发展思想宣传教育，将绿色发展思想融入国民教育的全过程，促进人们将绿色发展内化为自觉行动。

（二）蒙古农业绿色发展的创新路径

　　研究表明，阻碍蒙古农业绿色发展的主要因素是技术进步。因此，政府应以绿色技术创新为重点构建科学技术创新体系，尽快制定和完善推动农业绿色技术创新的法律法规和管理制度，对农业绿色技术创新实施税收、融资、信贷等方面的优惠政策，创造优渥的发展条件。在通过自主创新、引进先进技术、人才、设备的方式推进农业绿色进步的同时，蒙古要发掘现有技术的使用效率，避免盲从扩大农业规模，从而提升蒙古农业的技术进步水平，推动蒙古农业绿色发展。

二、深化升级农业绿色产业结构推进绿色发展

（一）优化和发展能源消费结构

由于能源高消耗，中蒙两国农业技术效率改善程度均较弱，因此，中蒙两国均应大力发展水电风电、太阳能、生物能等绿色能源，改善单一能源结构，提高优质能源比例。控制煤炭等能源的消耗量，集约、清洁、高效地利用煤炭，从而提高煤炭的转化效率。

（二）深化农业绿色产业结构转型升级

中国向蒙古进出口的农产品种类偏向性强且单一，目前两国虽积极开展农业技术合作，但主要领域仍是种植业、畜牧业和农机设备三方面，双方的合作潜力还很大，譬如两国可以在农业管理技术、农产品藏储、农产品深加工方面深入开展农业绿色合作。在农业绿色产业发展上，向农业绿色产业引资，积极发展现代绿色农业。将农业绿色产业的合作方向定位推广发展无公害食品、绿色食品和有机食品，进而推进农业产业结构高级化。

（三）科学统一规划中蒙两国农业绿色发展

推进中蒙两国农业绿色发展需要建立科学统一的绿色发展战略规划。中蒙两国的农业绿色合作缺乏协同互动，与战略规划的缺失息息相关。中蒙两国应从各自的具体角度出发，因地制宜进行统筹规划。

1.中国农业绿色全要素生产率区域差异

我国农业绿色全要素生产率提高的驱动因素是绿色技术进步，而绿色技术效率的下降也限制了我国农业绿色全要素生产率的提升。尹传赋、蒋奇杰（2017）在《绿色全要素生产率分析框架下的西部地区绿色发展研究》一文中得出，西部地区虽整体上农业绿色全要素生产率是进步的，但绿色技术进步仍然不及我国平均水平，这表明了我国西部区域对于新技术的引进与研发不足[①]。

---

① 尹传赋，蒋奇杰.绿色全要素生产率分析框架下的西部地区绿色发展研究[J].经济问题探索，2017（3）：155-161.

2.蒙古农业绿色全要素生产率区域差异

蒙古五个区域的农业绿色全要素生产率及其分解结果如图6-2所示，最高的是乌兰巴托，西部地区次之，东部地区、中心区再次，杭盖地区垫后。可以看出，不同地区农业绿色技术效率水平、技术进步水平参差不齐，对于绿色发展战略不能一概而论。

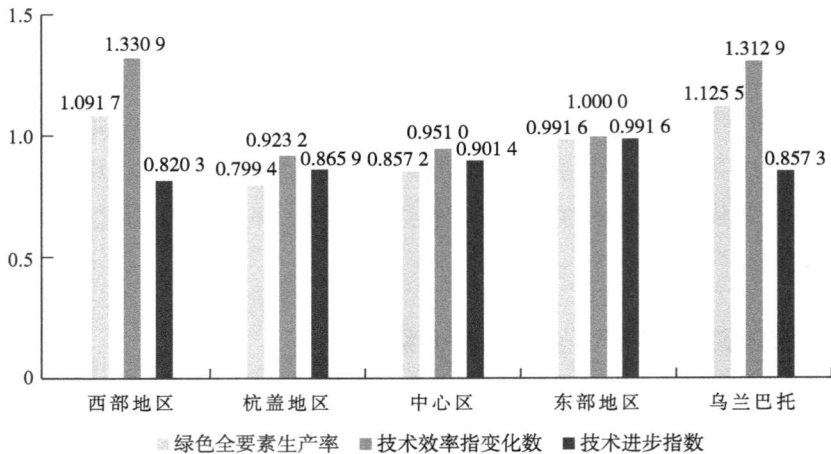

图6-2　蒙古农业绿色全要素生产率及分解结果区域差异分析

在分析了中蒙两国国内各自农业绿色全要素生产率区域差异后，两国国应充分结合本国区域经济社会发展状况、民族文化、贫困问题、生态安全地位等实际情况，制定区域绿色发展规划，因地制宜，从技术进步和技术效率的角度出发，科学统一规划区域农业绿色发展，精准治理。

三、优化农牧业领域的贸易合作

（一）优化农业领域的贸易合作

第一，克服气候条件的局限性是蒙古农业发展的首要条件。对蒙古农业相关领域的投资需要注重积极推广我国先进的农业新技术，涵蓄水源、改善环境，加强农业技术合作与转化，推进种业开发与高产示范。这对促进蒙古农业发展，顺利进行我国对蒙古农业投资具有积极影响。

第二，中蒙农业合作要注重向精细化农业发展方向转变。要注重效益，不要片面地追求规模。对蒙古投资应涉及农田作业机械、灌溉（节水）机械、插播机械、园艺机械、农副产品加工包装机械等设施，帮助蒙古建立现代化高效农业。

第三，加强涉及全产业链的投资。农业产业化发展是蒙古未来发展的需要，中国对蒙古投资企业应逐渐将聚集在种植领域的农业资本转向加工环节、产品收购、储存和打通内陆海运流通渠道、销售渠道建设等方面。例如，在蒙古投资油菜籽加工企业，进行粗加工，运输至我国再进行精加工，以减少成本，增加收益。

第四，我国政府要完善对外农业投资的全方位规划体系，覆盖农业"走出去"关键产业重点区域。对外农业投资需要考虑国内农业消费结构转型，保障我国粮食以及农畜产品的安全问题，达到有效缓解国内生产，资源短缺的要求，实现内外产业结合。因此，我国要继续推进对外农业投资的系统性。

（二）优化畜牧业领域的贸易合作

第一，注重发展生态畜牧业。一方面需要科学制定生态养殖基地布局。畜牧业对环境的污染包括粪便、污水、病原微生物等，对蒙古畜牧业投资要根据当地自然资源情况，加强养殖场区设计改造，使生态资源和畜牧业保持平衡。另一方面要注重资源保护。积极推进我国畜禽养殖圈舍、粪污处理设施等生态畜牧业科技成果，保护蒙古生态环境。

第二，提高畜牧业防范恶劣天气的能力。畜牧业的发展与气象条件有密切联系，在对蒙古畜牧业投资时要积极利用气象信息构筑畜牧业防灾减灾能力。通过与气象部门的合作，加强对气象信息管理，合理安排生产。同时，还要加强对防灾基础设施的建设，通过建立棚圈、饲草储备库、饮水点、牧业救助站等防灾设施，提高畜牧业防灾减灾能力。

第三，注重对兽药及兽药原料制药相关领域合作。提升兽医服务标准，提升当地无疫区建设水平，健全牲畜卫生体系进而保护公众卫生安全。

第四，加强畜牧业发展配套加工技术的合作。在对蒙古进行贸易合作时，要充分利用改良畜产品质量优良、工业价值丰厚的优点，大幅度提高经济效益、生产力及畜产品质量，进而提高市场竞争力。

第五，建立集约化养殖试点。集约化养殖是解决蒙古传统畜牧业发展困境的重要途径。投资企业可以先在蒙古进行集约化养殖试点，发展符合蒙古需要的特色集约化养殖，促进畜牧业的持续增效。

第六，种养结合与科学发展。种养结合在我国已有成熟的经验，需要按照蒙古资源条件，建设符合当地条件的种养结合畜牧业。种养结合和循环利用的处理流程既能够解决畜牧养殖过程中的环境污染问题，又能够节约能源以及保护生态环境，沼液灌溉和有机肥的使用不仅减少了化肥的使用量，也提高了农田和农作物的品质。

（三）加强平台建设，提升农业对外合作支撑能力

一方面，继续推进口岸建设，提升对蒙农业合作支撑力。另一方面，积极搭建参展平台，组织企业参加各种展会，鼓励内贸企业通过国内国际展会寻找商机，扩大进出口规模。同时，"互联网＋"的空前发展，为农畜产品对外贸易模式的变革打开了新思路。借助"互联网＋"模式进行农畜产品跨境电商运营，充分利用线上和线下资源，大力发展农畜产品进出口电子商务。

四、改善农畜产品出口结构

（一）增加农畜产品出口种类

增加农畜产品出口种类对于提高我国对蒙古农畜产品出口的份额有好处，从而实现由以前单一的依靠增加出口数量到增加出口商品种类的转变。我国农民应培育新的农畜产品品种，并根据消费者偏好，培植出消费者喜爱的新种类的农畜产品，并且我国农业产品的生产者应该更加注重农业产品卫生和质量，打造属于我国特有的农畜产品种类和品牌。

（二）优化农业产品的出口结构

随着我国的农业科学技术进步，更多的农业产品品种被研发出来，内蒙古农业产品的出口企事业单位要不断地改善农业产品的出口结构。实现农业现代化提高我国农业科技水平，加强农畜产品自有品牌建设，提升我国农业产业的优化和升级，对我国农畜产品出口结构优化有巨大的推动作用。内蒙古农业产品出口结构调整和优化，将提高中国农业产品在国际上的影响力，从而促进中蒙农业产品贸易平稳发展。

（三）加大具有比较优势农业产品的出口

中蒙农业产品贸易商品的互补性明显，我国不仅要加大有比较优势农业产品的出口，也要加大一些出口数量增速快的农业产品。除了传统的鲜菜、瓜果、坚果和其他制品外，随着我国的农业产品的生产技术和能力提升，应该扩大肉类和水产品制品的出口，以满足蒙古市场的需求，使中国的农业产品占据蒙古市场更大份额。

（四）改善农畜产品出口状况

目前，随着口岸进出口农畜产品过货量增加，存在口岸换装能力不足，检疫处

理设施不全，货物堆放场所欠缺，缺少大型保鲜仓储库等突出问题。如二连浩特口岸没有专门的进境粮食和木材接卸场所等，这都成为制约农业对外合作进一步发展的重要瓶颈。

我国政府要不断推进区域通关一体化改革，提高我国海关查验的效率，完善直通放行、绿色通道制度。对于易腐的产品，可以避免重复查验，提高通关效率，从而促进内蒙古出口贸易便利化和改善农畜产品出口环境。

五、提升我国农业产品科技含量

（一）加大农业科研力度

我国政府部门应加大对农业技术研发的力度，并给予农畜产品生产企业足够的资金补助支持。农业产品的生产企业应加大培养专业的、高素质的农畜产品生产人员，加大农业科研力度。随着我国农业科研力度的加大，将增加我国农业产品种类，会使我国原有农业产品具有更高的竞争力，进而增加农业产品附加值。

（二）加大农业产品质量监管

我国要对农业产品的生产企业进行监管使其生产更加规范和标准。政府要树立一些有好形象和声誉的农畜产品生产企业作为模范来引导更多的农畜产品生产企业提高农畜产品生产技术形成农畜产品品牌的核心竞争力，从而使我国农业产品在蒙古市场占据更大的份额。

（三）促进农业科技发展，推动农畜产品加工产业结构升级

应根据市场需求变化，在继续保持传统农畜产品出口优势的基础上，重点扶持农畜产品深加工出口产品提高技术含量和附加值，推动农畜产品加工产业结构升级。加快发展蔬菜、花卉和食用菌等新兴产业。形成传统产业、重点产业与新兴产业互相促进、协调发展的出口格局。此外，鼓励引进国际先进的农畜产品生产加工设备、农业新品种、新技术以及有助于改善农业生态环境的生物肥、生物农药等产品。

（四）建立技术性贸易壁垒预警机制

近几年，以日本、欧盟等国的贸易技术壁垒愈演愈烈，国际关系的复杂化使得农业对外合作面临更为复杂和敏感的局面。大多数农畜产品出口企业对技术贸易壁垒的了解和重视不够，缺乏专业性人员和系统把握，制约了我国农畜产品出口。

应有针对性地建立技术性贸易壁垒预警机制。建立一个包含政府、行业组织、专业服务部门及企业在内的各方共同参与、涉及诸多层面完善的预警机制。建立数据库、信息网，及时收集、整理、跟踪国外技术性贸易壁垒并发布国外技术性贸易壁垒最新动态，公布种养殖数量、出口数量及价格预测、各国外贸政策的调整、技术标准的变化等在内的农畜产品信息，既要做到预先将部分贸易摩擦消除在萌芽状态，又要做到一旦贸易摩擦发生，各方面紧密协作、合理分工，共同做好摩擦的协调和处理工作，将摩擦的影响和损失降到最低。

六、加强中蒙绿色农产品贸易基础设施建设

（一）加大基础设施建设

中国对蒙古农业产品贸易出口拥有比较优势的农畜产品大多是水果、水产品、蔬菜等易腐的农业产品，所以两国农业产品贸易中铁路和公路的扩建是重中之重。而且中蒙两国边境线漫长区位优势显著，构建一个安全、快捷、便利的物流体系尤为重要，这样就能够让我国鲜美的瓜果蔬菜出口蒙古，从而提高我国农业产品在蒙古市场的份额。

（二）建立完备的农业产品出口物流和配送体系

快速便捷的物流体系是国际贸易发展的基础，为了扩大内蒙古对蒙古农业产品出口规模，我国必须在中蒙边境口岸配套高效的现代物流服务系统，建立若干个大型物流配送中心，以满足日益加大的中蒙农畜产品贸易规模。

总之，我国应借鉴国内外支持农畜产品进出口发展的成功经验，进一步优化农牧业领域的贸易合作、改善农畜产品出口结构、提升农业产品科技含量、加强与蒙古贸易基础设施建设，构建和完善多层次的农畜产品出口政策体系，加强在基地建设、技术改造、产品开发、市场开拓、宣传推介、海外注册互认、质量可追溯体系建设、出口信用保险、贸易摩擦应对等方面对农畜产品出口企业和出口基地的政策扶持。

第三篇　中俄篇

第七章

中俄农产品贸易合作现状

一、中俄农业合作发展历程

由于中国和俄罗斯特殊的地理位置特殊，两国之间的贸易已经长达300多年，本书只探究新中国成立之后，新环境下的中俄贸易。

（一）稳定发展时期

1949—1960年是中苏贸易稳定发展的一段时期，在这期间两国贸易额增长速度快，经济合作领域广泛。在这段时间里两国贸易总额增加了17.39亿美元，与此同时，中国正处于第一个五年计划时期，因此中国从苏联进口大批机械设备，主要包括石油、化工、冶金、汽车等设备。同时，中国向苏联主要出口农产品，这种双边贸易充分表明了两国之间经济上的互补性。

（二）短暂衰退时期

20世纪60年代，中苏政治关系的恶化，也影响着两国之间的贸易。尽管中国依然向苏联进口机械设备，但是取消了石油等产品的进口；中国出口苏联的产品以农产品为主，主要有茶叶、花生、肉类。

（三）恢复发展时期

中苏贸易关系在20世纪七八十年代随着两国之间矛盾的加深逐渐失去稳定。1989年5月，中苏举行了国家领导人的高级会晤，在会晤之后两国关系由曲折转为正常。1991年苏联解体后，中俄双边贸易并不稳定且经贸规模较小，中俄之间的贸易发展缓慢。2000年之后，中俄贸易迎来了大发展。随着中俄两国经济持续增长，中俄贸易逐步加深，中俄两国关系更加密切。

（四）战略伙伴时期

自2001年7月16日中俄双方签署《中华人民共和国和俄罗斯联邦睦邻友好合作条约》以来，中俄关系成熟稳定，两国全方位合作具有广阔前景。在双方不懈努力下，中俄关系达到历史最高水平并持续向前发展。2021年6月28日发表《中华人民共和国和俄罗斯联邦关于〈中俄睦邻友好合作条约〉签署20周年的联合声明》，

2022年2月4日发表《中华人民共和国和俄罗斯联邦关于新时代国际关系和全球可持续发展的联合声明》。中俄两国建立战略合作关系，不仅影响双方的未来发展，对世界也会产生极大的积极作用。

二、俄罗斯农业发展现状

（一）农业生产概况

农业是关系国计民生的重要产业。俄罗斯农业资源丰富，近年来，依托农村基础设施建设、农业发展相关制度、政策的调整，俄罗斯农业取得了根本性进步。基本由过去的粮食进口转变为自给自足，有效保障了俄罗斯粮食安全。

当前，尽管俄罗斯国内整体的经济形势不容乐观，但俄罗斯农业在未来总体仍将呈现稳定的增长态势和一定的发展潜力。

1.农业生产总值

俄罗斯是耕作业与畜牧业并重的国家，两者产值的比重为43：57。谷物种植业是俄罗斯农业与耕作业的基础。粮食作物种类较少，主要为麦类，在世界占有重要地位。

第一，2012—2016年，俄罗斯农业生产总值增长明显。但是，经过2016年的创纪录收成后，2017年俄罗斯农业生产呈现负增长趋势。2018年俄罗斯农业全年实现总产值53 488亿卢布（按实际价格计算），按可比价格同比下降了0.6%，这是由于主要作物小麦、黑麦、大麦、甜菜等产量下降，导致农作物产量下滑。按可比价格计算，农作物产品产量下降了2.4%（如图7-1所示）。

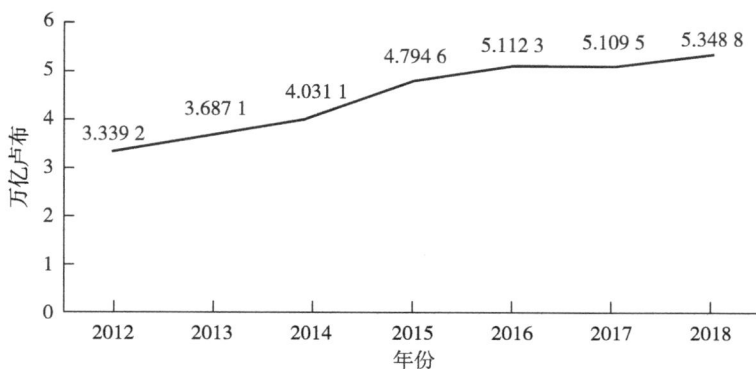

图7-1　2012—2018俄罗斯农产品总值变化（按实际价格计算）

按俄罗斯国家统计局公布的数据，2019年俄罗斯所有农业生产经营主体生产的农产品总产值预计可达 59 079 亿卢布，同比增幅达 10.45%，其中种植业实现31 600 亿卢布，同比增幅为 14.65%；畜牧业实现 27 479 亿卢布，同比增幅为 6%。

第二，2020 年，俄农业总产值增长超过 2%。俄罗斯农业部统计数据显示，全年俄谷物产量 1.33 亿吨，其中小麦 8 590 万吨。油料作物产量 2 100 万吨，其中葵花籽 1 330 万吨（超过历史平均值），油菜籽 260 万吨（为历史最好水平），大豆约 430万吨。2020 年，俄罗斯畜牧业发展较好。俄牲畜和禽类屠宰量 1 560 万吨，同比增长 3.2%。其中，生猪 550 万吨，增长 9.1%；活牛 280 万吨，增长 0.2%；禽类 670 万吨，增长 0.4%。牛奶 3 210 万吨，增长 2.5%；鸡蛋 451 亿枚，增长 0.4%。

表7-1　2020年俄罗斯各类农产品产量

单位：万吨

	谷物	油料作物	牲畜和禽类
产量	13 300	2100	1560

第三，与工业、服务业生产总值相比，农业虽然增速较为稳定，但是未来仍有很大的发展空间（如图 7-2 所示）。

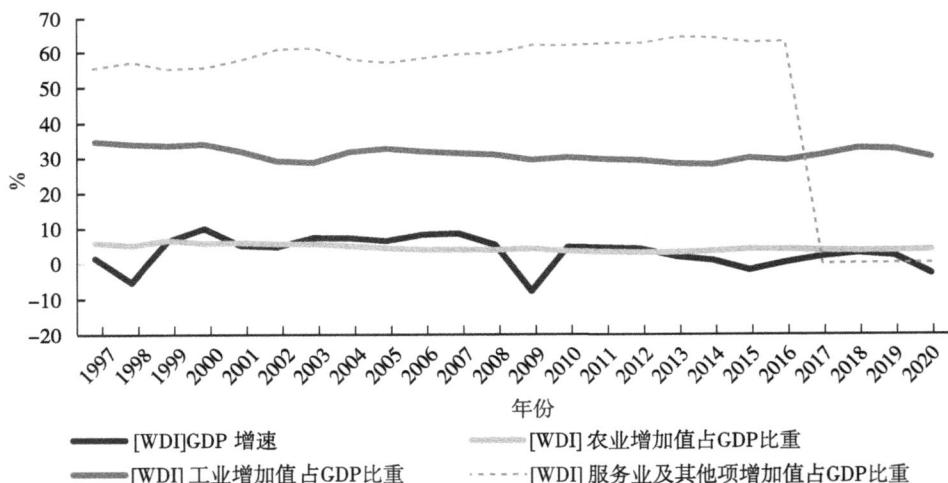

图7-2　1997—2020年俄罗斯总产值变化

2.农业生产资源

在农业自然资源方面，俄罗斯具备得天独厚的条件。俄罗斯幅员辽阔，横跨欧亚大陆北寒带、亚寒带、北温带和亚热带四个气候带，境内农业土地资源十分丰富，拥有全世界 10% 的可耕地，其中优质黑土地面积占世界黑土地总面积的 55%。

目前，俄罗斯农用土地面积为 2 154 940 平方公里，占土地面积的 13.16%[①]。人均可耕地面积约为 0.8 公顷，超出全球平均水平约 4 倍。

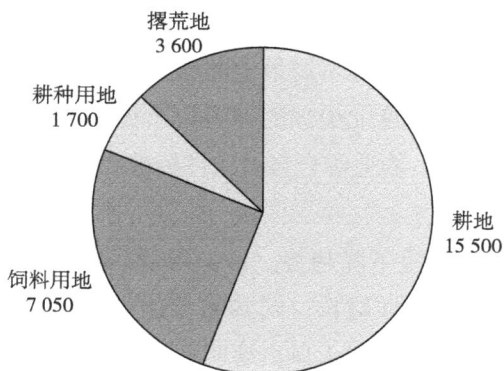

图7-3　俄罗斯农业各类用地面积（单位：万公顷）

　　俄罗斯水利资源丰富，境内有 300 余万条大小河流，280 余万个湖泊；河流的年平均流量达 4 300 立方千米，居世界第二位；贝加尔湖是世界上蓄水量最大的淡水湖。渔业资源也相当丰富，生物资源总量 2 580 多万吨，其中鱼类为 2 300 万吨。俄罗斯境内拥有 12 万条长度超过 10 公里的河流、200 多万个湖泊和约 5 亿公顷的各类湿地，淡水储量居世界第一位，鱼类资源也居世界首位。丰富的水资源为农业可持续发展提供了有力的保障。

　　俄罗斯森林覆盖面积 8.67 亿公顷，占国土面积 51%，居世界第一位，木材蓄积量 820 亿立方米，约占世界总蓄积量的 1/4。

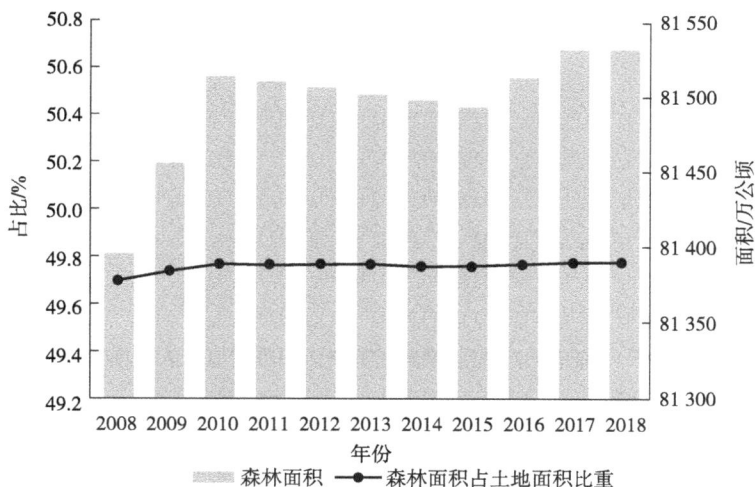

图7-4　2008—2018年俄罗斯森林面积

① 数据来源：世界银行数据库。

俄罗斯农产区土地肥沃，分布广泛，主要集中在中央黑土区、伏尔加河沿岸地区、南方顿河流域、外高加索地区和西西伯利亚等地。畜牧业主要生产基地位于伏尔加河流域、西西伯利亚南部地区、乌拉尔联邦区、远东地区和北高加索地区。

俄罗斯联邦虽然是世界上土地资源最丰富的国家，但是，就农业综合自然条件全面分析，俄罗斯远不如同纬度北美洲的美国和加拿大，也不如西欧诸国。其主要问题是水热之间的矛盾突出，农业综合自然条件较差和东北部自然条件严酷。

3.农业从业人口

在农村人口方面，总体呈下降趋势。1990年俄罗斯农村人口为3 890万，占总人口的26.3%，之后5年呈小幅增长，到1995年达4 010万。1996—2014年，俄罗斯农村人口逐年减少。2015年农村人口出现明显增长，从3 710万增至3 800万，之后继续呈小幅下降趋势。截至2018年底，俄罗斯共有农村人口3 730万，与2012年底的农村人口相当，但农村人口占全俄总人口的比重则从2012年的25.96%降至25.41%。2020年，俄罗斯农业就业人员占全国就业人员的5.6%，远低于工业（26.58%）和服务业（67.8%）。

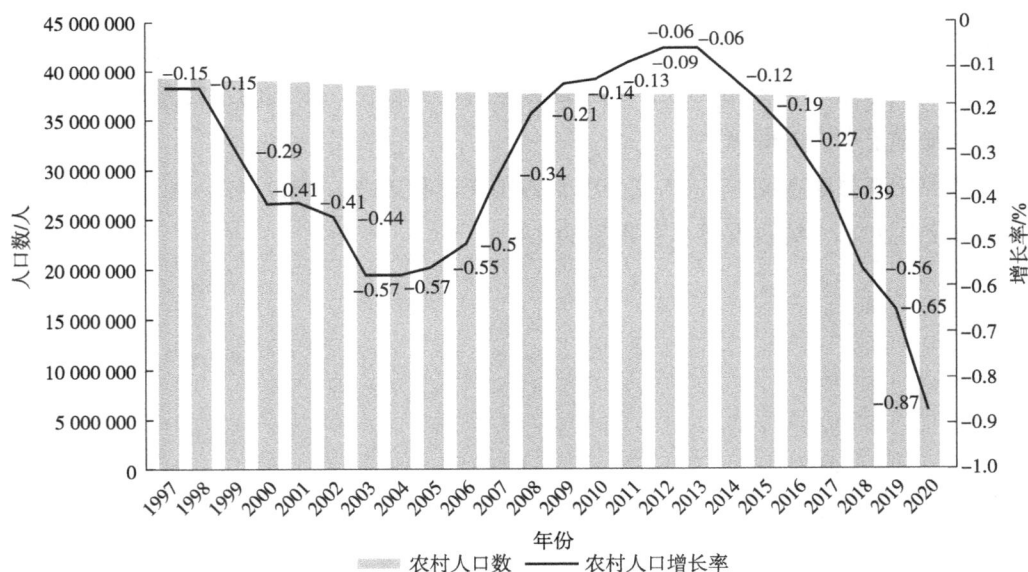

图7-5　1997—2020年俄罗斯农村人口数量以及人口增长率

同时由于俄罗斯国土跨度大，人口分布极不均衡，东西两地区之间存在很大差异。其近欧洲的西部地区人口密度超过50人/平方公里，个别地区甚至能达到200多人/平方公里。但是，东北的苔原带人口密度甚至不到1人/平方公里，尤其是远东地区的务农人口短缺问题尤为突出。同时随着更多的农业人口和高素质的年轻人陆续进入城市，直接导致远东地区农业企业人员素质不断下降。长期以来，俄罗斯自身的农业人口已难以支持其大规模的农业扩张。自 20 世纪 80 年代以来，由于农业人口的短缺，远东地区每年都有数千公顷的耕地被废弃。

俄罗斯的农业生产经营主体分为三类：一是农业企业，包括各种股份公司、农业生产合作社、国营农场等；二是居民经济，指公民个人的副业经济、个人菜园和集体果园等；三是农户（农场）经济，指农民以私有土地组建的家庭农场。在俄罗斯所有农产品生产的构成中，农业企业所创造的产值最多，它是俄罗斯大宗农产品最主要的生产者。

4.农产品生产情况

（1）主要农作物生产情况

第一，从种植面积来看。在所有播种的农作物中，种植面积占比最高的是谷物和豆类作物，主要以小麦种植为主，其次是大麦、燕麦、豆类作物、玉米、荞麦、黑麦等。2018年俄罗斯播种的主要农作物中，大幅提高了油菜籽、豆类作物和大豆的种植面积，其增幅分别为56.7%、24.0%和10.7%，大麦、葵花籽和浆果的种植面积小幅增加，增幅分别是3.9%、2.1%和0.3%。其余农作物播种面积都有不同幅度的减少，其中降幅最大的荞麦，同比去年的播种面积减少了38.3%。2014—2018年俄罗斯主要农作物种植面积详见表7-2。

表7-2　2014—2018年俄罗斯主要农作物种植面积

单位：万公顷

类别	2014年	2015年	2016年	2017年	2018年	2018年与2017年比值/%
谷物和豆类作物	4 615.7	4 660.9	4 170.0	4 770.5	4 631.74	97.1
其中：谷类作物	4 456.2	4 502.2	4 534.8	4 548.4	4 356.4	95.8
冬播和春播小麦	2 525.8	2 682.7	2 770.9	2 792.4	2 725.3	97.6
冬播和春播黑麦	187.7	129.2	126.5	118.5	98	82.7
冬播和春播小黑麦	25.1	25.1	22.8	17.47	15.37	87.9
谷物玉米	267.7	276.2	288.7	301.9	245.2	81.2
冬播和春播大麦	935.5	886.6	832.2	801.0	832.2	103.9
燕麦	325.8	304.7	286.0	288.7	284.9	98.7
水稻	19.7	20.2	20.8	18.67	18.15	97.2
荞麦	100.8	95.7	120.5	169.2	104.4	61.7
黍米	50.6	59.5	43.5	26.5	26	98.1
其他	17.6	22.4	22.9	14.0	7.0	50.0

类别	2014年	2015年	2016年	2017年	2018年	2018年与2017年比值/%
豆类作物	159.5	158.7	175.2	222.1	275.3	124.0
向日葵葵花籽	691.1	701.3	760.7	799.4	815.8	102.1
大豆	201.2	213.1	223.7	263.6	291.9	110.7
冬播和春播油菜籽	119.0	102.2	98.0	100.5	157.5	156.7
甜菜头	91.7	102.1	110.7	119.8	112.7	94.1
亚麻纤维	5.1	5.3	4.9	4.75	4.47	94.1
马铃薯	159.9	156.2	144.1	135.0	132.8	98.4
蔬菜	56.3	56.3	55.1	53.46	52.6	98.4
饲料作物	1 713.5	1 699.3	1 642.5	1 634.2	1 610.3	98.5
浆果种植	47.2	46.7	46.0	46.23	46.37	100.3

数据来源：根据俄罗斯国家统计局的数据整理得出。

第二，从产区分布来看。谷物和豆类作物的主产区在中央联邦区、南方联邦区和伏尔加沿岸联邦区；向日葵的主产区在伏尔加沿岸联邦区、中央联邦区和南方联邦区；大豆的主产区在中央联邦区和远东联邦区；甜菜的主产区在中央联邦区和南方联邦区；亚麻纤维和马铃薯的主产区在中央联邦区和伏尔加沿岸联邦区；蔬菜的主产区在伏尔加沿岸联邦区、中央联邦区和北高加索联邦区；浆果的主产区在南方联邦区、中央联邦区、伏尔加沿岸联邦区和北高加索联邦区。俄罗斯的谷物种植业主要分布在森林草原带和草原带内，西西伯利亚南部地区和伏尔加河东岸地区为春小麦种植区；中央黑土区和北高加索为冬小麦和玉米种植区域。俄罗斯草原面积辽阔，饲料资源丰富，适宜发展畜牧业。俄罗斯的畜牧业在国际上也占有一定地位。

第三，从主要农作物的总产量来看。2018年谷物和豆类作物全面减产，向日葵、大豆和油菜籽等油料作物，以及马铃薯和浆果的总产量有所增加，其他农作物的产量都大多出现了不同程度的减少，且为2016—2018年的最低值。谷物和豆类作物的总产量为11 290.2万吨，同比下降16.7%，其中小麦的总产量为7 206.8万吨，同比去年下降了16.2%；黑麦的总产量下降24.9%、小黑麦的总产量下降20%；谷物玉米的总产量下降15.5%；大麦、燕麦、荞麦、黍米和豆类作物的总产量分别下降17.7%、13.7%、39%、31.6%和19.4%。水稻由于2017年减产，总产量的基数较小，因此2018年的产量略有增加，增幅为5.2%。2014—2018年俄罗斯主要农作物产量的变化情况见表7-3。

表7-3　2014—2018年俄罗斯主要农作物产量

单位：万吨

类别	2014年	2015年	2016年	2017年	2018年	2018年与2017年比值/%
谷物和豆类作物（加工后）	10 521.2	10 472.9	12 067.7	13 553.9	11 290.2	83.3
其中：谷物类农作物	10 301.9	10 237.5	11 773.7	13 127.7	10 946.8	83.4
小麦（春季和冬季）	5 971.3	6 181.1	7 334.6	8 600.3	7 206.8	83.8
黑麦（春季和冬季）	328.3	208.8	254.8	254.9	191.5	75.1
小黑麦（春季和冬季）	65.4	56.5	62.0	50.1	40.1	80
谷物玉米	1 129.0	1 313.8	1 528.2	1 320.8	1 116.3	84.5
大麦（春季和冬季）	2 037.7	1 749.9	1 796.7	2 062.9	1 698.1	82.3
燕麦	528.0	453.8	476.6	545.6	470.7	86.3
水稻	104.9	111.0	108.1	98.7	103.8	105.2
荞麦	66.2	86.1	118.7	152.5	93.0	61.0
黍米	49.3	57.2	62.9	31.6	21.6	68.4
其他	21.8	19.3	31.1	10.3	4.9	47.6
豆类作物	219.2	235.4	294.0	426.2	343.4	80.6
向日葵葵花籽（加工后）	848.1	928.9	1 101.5	1 048.1	1 260.1	120.2
大豆（加工后）	237.1	271.6	314.3	362.2	392.7	108.4
油菜籽（冬季和夏季，加工后）	133.6	101.3	100.1	151.0	198.0	131.1
甜菜（制糖原料）	3 347.6	3 898.9	5 132.5	5 191.3	4 124.0	79.4
亚麻纤维	3.7	4.5	4.1	3.9	3.7	94.5
马铃薯	2 428.4	2 540.6	2 246.3	2 170.8	2 242.6	103.3
其中：农业企业	381.0	465.6	421.0	423.3	430.8	101.8
居民经济	1 810.6	1 785.1	1 559.4	1 496.3	1 528.4	102.1
农户（农场）经济	236.8	289.9	265.9	251.2	283.4	112.8
蔬菜	1 282.1	1 318.5	1 318.1	1 361.2	1 360.4	99.9
其中：农业企业	255.4	289.3	307.6	348.0	349.3	100.4
居民经济	817.9	789.6	772.4	754.6	758.8	100.5
农户（农场）经济	208.8	239.6	238.1	258.6	252.3	97.6
浆果和野果	277.8	267.5	305.5	268.2	334.6	124.8

数据来源：根据俄罗斯国家统计局的数据整理得出。

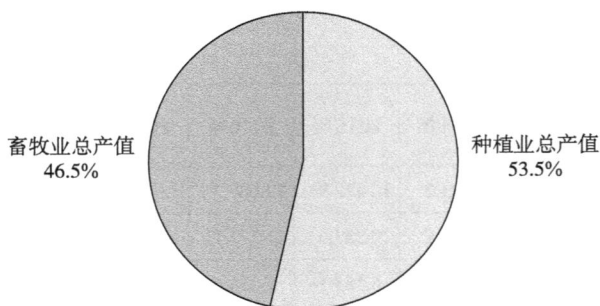

图7-6 2019年俄罗斯农业总产值分布占比

第四，在化肥方面，俄罗斯是世界重要的钾肥生产国和出口国。但由于长期以来俄政府对农业投入不足，俄罗斯农业生产往往还停留在较为落后的生产手段，众多生产资料生产厂家停产，农作物品种退化严重，更新迟缓。

（2）畜产品生产情况

从主要牲畜的存栏量来看，受气候和养殖规模成本限制，俄罗斯大牲畜养殖的存栏量整体依旧呈现下降趋势，但降速相比过去有所放缓。其中，羊的存栏量继续下降，但奶牛的存栏量在2019年开始出现小幅回升，猪的存栏量仍继续攀升。2019年1—11月，俄罗斯的大牲畜存栏量为1 830万头（只），同比2018年下降0.3%，其中奶牛的存栏量为790万头，较上年同期增加了0.1%；猪的存栏量为2 540万头，较上年同期增加了5.7%；羊的存栏量为2 320万只，较上年同期下降了2.2%。而家禽的存栏量基本保持2018年同期的水平。

俄罗斯草场辽阔，具有良好的发展畜牧业条件。苏联解体后，原有的畜牧业生产力遭受重创，牲畜存栏数出现大幅下滑，畜牧业主要农产品的产量也随之锐减。随着对农业生产的重视，俄罗斯出台了相应的国家农业发展规划。2000年后，俄罗斯畜牧业开始逐渐复苏，畜牧业主要农产品的产量开始出现较为平稳的增长。

同时由于俄罗斯畜牧业滑坡致使农业生产肥料品种短缺，因而造成土壤板结，肥力下降。除草剂和杀虫剂方面短缺，大面积的农作物遭受草荒，黄豆、玉米和蔬菜大田作物杂草只能靠中耕机多次解决，小麦田的杂草束手无策，任其与农作物争水争肥争空间。

5.农业技术资源

俄罗斯包括种植业在内的很多农业产业都具有很强的技术优势，俄罗斯拥有农业科学院在内的一大批专业科研院所，科研基础雄厚，也培养了大批的农业技术人才和专家学者，在育种研究、土壤研究、畜牧兽医等方面均具有优势。但由于俄罗斯长期对农业产业缺乏足够重视，横跨欧亚大陆的巨大国土面积和迥然不同的地理自然条件，也对农业技术提出更高更细化的要求，一部分技术由于资金匮乏难以有所建树，这也成为目前其农业技术研究的一项主要障碍。在此背景下，俄罗斯非常欢迎来自国际间的农业技术合作项目。

在农业机械方面，着力推行农业机械化战略，大力提升农业机械化水平和产品市场竞争力。长期以来，俄罗斯农业机械设备陈旧是影响农业发展的重要掣肘之一。近年来，为了提高农业生产效率，俄罗斯着手提高大型农机设备的更新率，这也刺激了农机设备的市场需求。随着旧农机设备不断淘汰，市场对农业机械的需求开始转向功能更强、生产效率更高的设备。

随着政府对农业机械领域的投入，俄罗斯国产农机设备的保有量已从2013年的30%增至2018年的60%，农机设备出口连续5年保持增长。2018年俄农业机械制造企业出口额增长40%，达110亿卢布。目前，俄产联合收割机占据15%左右的全球市场份额，大功率拖拉机占据全球25%左右的市场份额，俄罗斯已进入世界农业机械生产商前5位。

（二）农业投资方面

在农业投资方面，农业固定资产投资占总投资额的比重不断增加，从2012年的2.9%增至2018年的4%。特别是近年俄罗斯对农工综合体的固定资产投资额增势明显，且自有资金投资占比逐年加大。俄罗斯农业发展整体向好的形势进一步激发了企业对农业固定资产投资的热情。2012年农工综合体固定资产投资额为4252亿卢布，其中自有资金投入占52.8%。2018年农工综合体固定资产投资额是2012年的1.6倍，而自有资金的投资额则是2012年的1.87倍。这表明相关企业的投资积极性不断增强，反映俄罗斯农业生产经营企业对本国农业的发展和国际市场有着良好的预期和充足的信心。

（三）农产品贸易方面

俄罗斯作为农业大国，一方面是国际粮食市场上重要的小麦、玉米等农作物的出口大国；另一方面在肉类、奶制品等方面又十分依赖进口。近年来，伴随"进口替代"政策的实施，2013—2016年俄罗斯农产品出口额增长了一半以上，从2013年底的168亿美元增至2019年底的256亿美元，特别是肉制品、油脂产品、食品加工产品的出口供应量显著增加，俄罗斯日益成为世界粮食市场上包括小麦、植物油、糖等主要农产品的供应国。与此同时，俄主要农产品的自给率不断提高，进口量逐年下降，特别是猪肉进口额下降了近90%，从2013年的26亿美元降至2019年的2.7亿美元；牛肉的进口额下降了50%多，从32亿美元降至13亿美元；禽肉的进口额下降了近50%，从9.11亿美元降至4.1亿美元。与此同时，蔬菜、水果的进口额也大幅下降。例如，西红柿的进口下降了四成多，苹果和梨的进口额下降了一半以上。

俄罗斯向130多个国家出口粮食。最大买家有埃及、土耳其和伊朗。俄罗斯于2002年开始大规模出口粮食，当时进入小麦最大出口国前十名，从那时起俄罗斯的粮食出口一直保持较高水平。

在农业领域，中俄农业合作正在不断加强，农产品贸易已经成为中俄贸易新的增长点。2016年，俄罗斯向中国出口的农产品规模大幅增长，同时，俄罗斯农产品10年来第一次实现对华贸易顺差。目前，中国已经成为俄罗斯食品的最大进口国。

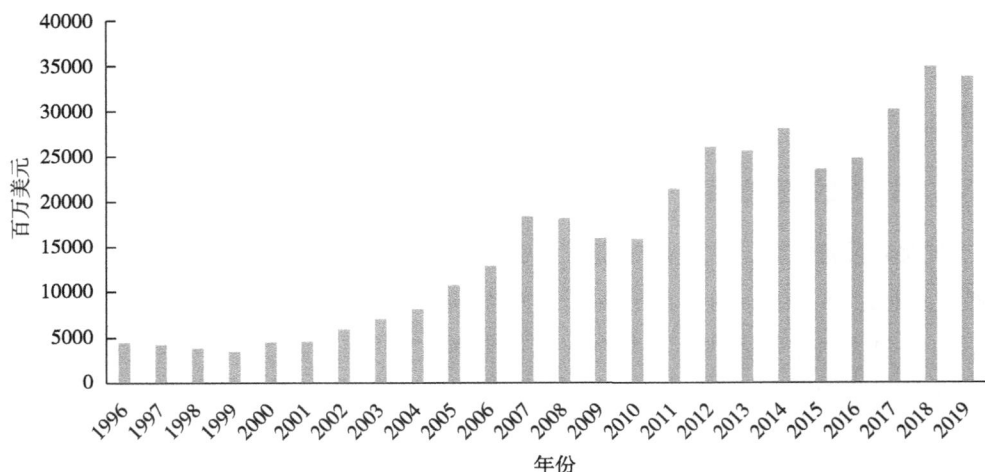

图7-7　1996—2019年俄罗斯农产品货物出口额

三、中国与俄罗斯农产品双边贸易现状

（一）中俄农产品贸易总量上升

从2016—2020年中国自俄罗斯进口的农产品总值变化趋势（图7-8）可以看出，中国对俄罗斯进口的农产品总值一直呈良好的上升趋势，特别是从2017年的1 428 077万元到2018年的2 115 614万元[①]，有明显的提升。即使是2020年疫情期间也呈稳定上升的趋势。与之相反的是中国对俄罗斯出口的农产品总值，由图7-9可

---

① 数据来源：中华人民共和国海关总署，网址：http://www.customs.gov.cn。

以看出，2016—2019年中国对俄罗斯出口的农产品总值一直没有太大的波动。由于新冠疫情影响，2020年中国对俄罗斯出口的农产品总值为966 147万元，对比2019年的1 261 755万元有一定程度下降。2021年第一季度的农产品贸易额则达到了236 401万元，相当于2020年贸易额的四分之一，且第一季度还不是中国对俄罗斯出口的农产品的生产旺季。

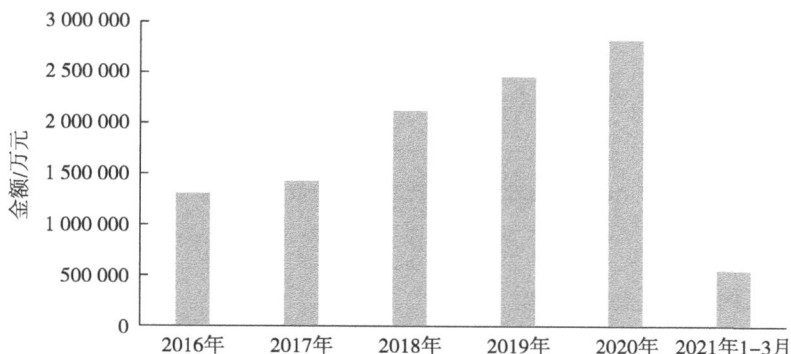

图7-8　中国自俄罗斯进口农产品总值

数据来源：中华人民共和国海关总署，网址：http：//www.customs.gov.cn。

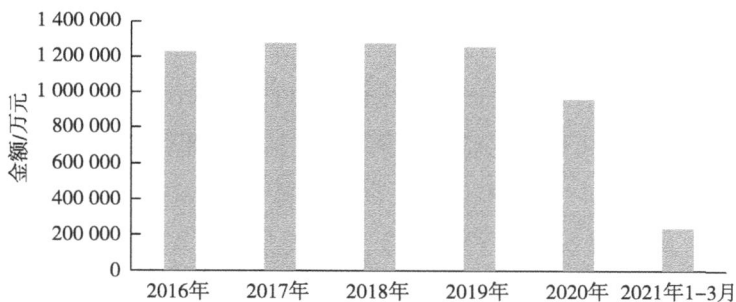

图7-9　中国对俄罗斯出口农产品总值

数据来源：中华人民共和国海关总署，网址：http：//www.customs.gov.cn。

（二）中俄农业投资合作结构固化

1.中俄农产品贸易横向结构

由图7-10可知，2001—2019年中俄农产品贸易总额占中俄进出口总额的波动幅度较大，从2002年之后总体呈下降趋势，2009年小幅回升到6.39%[①]，之后也是围绕在4%～6%的区间，相比其他形式的贸易而言，农产品贸易占中俄整体贸易比重

[①]数据来源：中华人民共和国海关总署，网址：http://www.customs.gov.cn。

较小。石油、天然气、木材、金属等仍然是当前俄罗斯对中国出口产品中占的比重最大的类别。

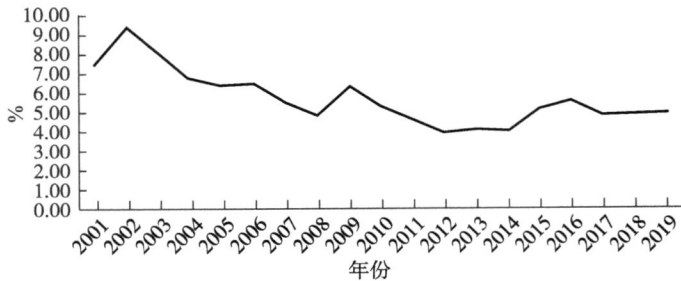

图 7-10　中俄农产品贸易总额占中俄进出口总额比重

数据来源：中华人民共和国海关总署，网址：http://www.customs.gov.cn。

2. 中俄农产品贸易纵向结构

中俄两国农产品贸易不断发展，而在这之中又以中俄双方的大豆贸易最受关注。2019年7月，中国宣布放开俄罗斯全境大豆的进口，向俄罗斯大豆开放了中国市场，紧接着中粮集团和俄农集团签署合作备忘录，定下了5万吨俄罗斯大豆的进口大单，比2019年的1.9万吨订单增加1倍多。值得注意的是，2020年中国开始以万吨轮进口俄罗斯产大豆。

除了近年来热门的大豆贸易以外，中俄之间农产品贸易额较高的是由俄罗斯出口到中国的冻鱼，以及由中国出口到俄罗斯的柑橘属水果。2019年中国商务部对外贸易司发布的《中国农产品进出口统计报告》显示，2019年中国与俄罗斯重点大宗进口商品中，贸易额较高的农产品主要有冻鱼（172 073.3万美元）、菜籽油（12 693.2万美元）、豆油（11 956.3万美元）等。

表 7-4　2018—2019年中国与俄罗斯重点大宗进口商品市场情况

商品名称	2019年		2018年		数量同比增长/%	金额同比增长/%
	数量/吨	金额/万美元	数量/吨	金额/万美元		
菜籽油	152 789.70	12 693.2	81 052.90	6 525.20	88.50	94.50
冻鱼	1 127 633.4	17 2073.3	1 065 838.8	170 335.20	5.8	1
豆油	166 465.40	11 956.3	188 687.90	14 567	−11.80	−17.90
饲料用鱼粉	72 922.1	9 738.8	65 848.70	9 789.80	10.70	−0.50
锯材	12 544 587.2	323 300.8	11 950 450.2	327 584.90	5	−1.30

数据来源：《中国农产品进出口统计报告》。

尽管2020年的疫情对全世界的经济都造成了巨大冲击，特别是农业，但中俄农业投资合作在疫情冲击面前仍然展现出其较高韧性。2020年11月4日，第三届中国国际进口博览会开幕式在上海举行。俄罗斯出口中心总经理维罗妮卡·尼基申娜接受中国记者采访时表示，新冠疫情的确影响到俄中贸易发展，但是俄中贸易在一些行业和领域正在呈现良好发展趋势。2020年前8个月，俄中农工产品贸易额同比增长了11.2%[①]。其中，俄罗斯农产品对华出口25亿美元，增长28.5%。中国业已成为俄农产品对外出口的最大市场，而最受欢迎的俄农产品包括冷冻鱼、葵花籽油、豆油、禽肉、虾蟹、大豆，分别占俄农产品对华出口总量的37%、16.4%、7.8%、7.5%、6.5%、6.2%。

通过2019年和2020年官方公布的数据来看，中俄都有意积极推动双方在农业方面乃至其他领域的合作，并且已经取得一定成效，即使受到疫情冲击，中俄农产品贸易依旧蒸蒸日上。

（三）中俄农业投资合作层次较低

当前中俄农业投资合作中合作层次最高的就是2004年设立的中俄（滨海边疆区）现代农业产业合作区，该合作区为中俄企业的农业合作搭建了平台，推动了黑龙江、哈尔滨、河北等地的许多企业入驻，带动了九家国有农场进入合作区从事农业种植。该项目的成功运作，对进一步拓展我国农业发展空间，建立境外粮食战略储备基地，改善国内粮食品质结构，加强中俄边境地区的经贸合作，推进中俄新时代全面战略协作伙伴关系发展，实现中俄合作优势互补、互利共赢具有重要意义。

中俄农业投资合作层次的深化只靠一两个农业产业合作区是远远不够的，俄罗斯境内还有许多地区没有参与到中俄的农业投资合作中来。比如俄罗斯农业领域最先进、最前沿的地区——克拉斯诺达尔边疆区，这一个地区就可保障全俄罗斯的粮食，它却暂时不在对华出口产品的地区之列。

俄罗斯驻华大使杰尼索夫在2020年12月29日举行的北京年度记者会上也表示，中俄两国在农业领域最有前途的就是投资合作。他建议中国企业在俄罗斯修建大型农业综合体，之后把生产出来的农产品出口到中国，比如中俄正在发展的大豆贸易。

（四）中俄农业投资占比浮动较大

由图7-11可以得知，中国对俄罗斯农业直接投资净额及其占中国对俄罗斯直

---

① 韩显阳.“进博会是促进俄中务实合作的重要平台”：访俄罗斯出口中心总经理维罗妮卡·尼基申娜[N].光明日报，2020-11-02（12版）.

接投资总额比重浮动较大。其中，2014年中国对俄罗斯农业直接投资占整体投资额比重为55.6%，2016年中国对俄罗斯农业直接投资净额为43 276万美元，分别是数据中历年的最高值。2015年中国对俄罗斯农业直接投资占整体投资额比重为11.7%，2012年中国对俄罗斯农业直接投资净额为23 525万美元，分别是数据中历年的最低值。此两项数据浮动较大的原因较为复杂，一方面是鉴于中国对俄罗斯国际直接投资的行业中，采矿业和农业一直位居前列，采矿业受地理、政治因素影响比重浮动较大，采矿业的变化间接也对农业产生影响；另一方面是俄罗斯农业政策变化较大，也对农业投资额有一定程度的影响。

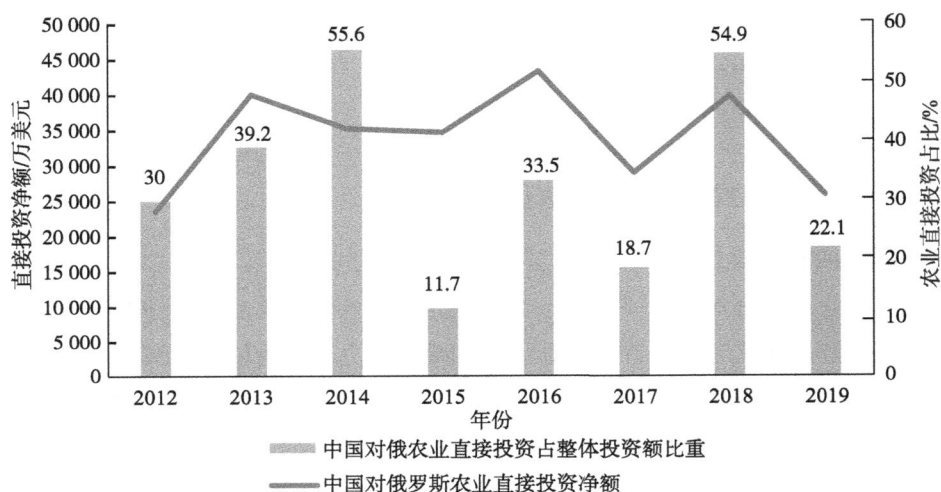

图7-11　2012—2019年中国对俄罗斯农业直接投资变化图

数据来源：商务部《2012—2019年度中国对外直接投资统计公报》。

第八章

中俄农业绿色合作的 SWOT-PEST 分析

新冠疫情引发各国关注农产品跨国贸易脆弱性问题，中国也因对农产品供应链风险及其传导缺乏有效管控措施遭受巨大冲击（张阐军，2022）。受逆全球化、数字化、可持续发展等多重因素影响，中国、蒙古、俄罗斯三方农业合作路径需要进一步优化。作为第一条亚欧大陆桥与新亚欧大陆桥唯一跨国连接通道——中蒙俄经济走廊，具有地缘政治战略地位突出、农业合作互补性强潜力大等特征。随着新技术、新产业和新市场的不断扩展，中蒙俄跨国农产品贸易面临前所未有的发展机遇。同时作为错综复杂的市场环境，也面临宏微观环境多种风险威胁，不确定性和不稳定性大幅上升。因此，本部分采用SWOT-PEST矩阵分析法，清楚地说明宏微观环境对中俄农业合作的影响。

一、中国与俄罗斯农业合作的内部优势分析

（一）政治方面（SP）

自2013年"一带一路"建设实施以来，中国与俄罗斯在经贸合作方面的交流发展取得了巨大飞跃。农业合作作为重点领域，在未来中国与俄罗斯经贸发展合作中的重要性日益突出，更加有利于俄罗斯远东开发规划与中国农业"走出去"战略的对接。2015年，中俄两国签署《关于丝绸之路经济带建设和欧亚经济联盟建设对接合作的联合声明》，标志着双方明确共同致力于推动"一带一路"建设与"跨亚欧发展带"建设接轨的意愿。2016年，中蒙俄三国签署了《建设中蒙俄经济走廊规划纲要》，再次强调俄罗斯在推动中国构建新开放布局中的重要作用。"一带一路""跨亚欧发展带"以及中蒙俄经济走廊都涵盖了中俄间农产品贸易往来、农业基础设施互联互通等将提升中国对俄罗斯农产品出口贸易效率，降低农产品物流成本，促进农业技术广泛交流，农业资源优势互补等方方面面，也将拓展中国对俄罗斯农产品出口贸易合作空间。

（二）经济方面（SE）

中华人民共和国海关总署统计数据显示，2019年，中国已成为俄农产品对外出口的最大市场，而最受欢迎的俄农产品包括冷冻鱼、葵花籽油、豆油、禽肉、虾

蟹、大豆，分别占俄农产品对华出口总量的37%、16.4%、7.8%、7.5%、6.5%、6.2%；2020年前8个月，中俄农工产品贸易额同比增长了11.2%，2020年中国对俄罗斯农产品出口的总值为966 147万元，中国自俄罗斯进口的农产品超2 500 000万元，增长28.5%。2021年第一季度的出口农产品贸易额则达到了236 401万元，相当于2020年贸易额的四分之一，且第一季度还不是中国对俄罗斯出口的农产品的生产旺季。中俄都有意积极推动双方在农业方面乃至其他领域的合作，并且已经取得一定成效，未来相信中俄农产品贸易投资依旧蒸蒸日上。

（三）社会方面（SS）

据2017年俄民调机构列瓦达中心对俄罗斯全国48个地区137个居民点的1 600名居民进行了调查。调查结果显示，对中国持好感的俄罗斯公民为76%，只有13%的受访者对中国持"差评"，由此可见，大多数俄罗斯人对中国持好感态度。

（四）技术方面（ST）

科技创新对于中俄两国长远发展具有重大战略意义。当前，新一轮科技革命和产业变革正在重塑世界经济格局和竞争格局。科技创新在国家发展中的基础性地位日益凸显，科技创新正在成为经济发展的动力之源，成为经济发展的第一动力。中俄之间的科技合作也在不断深化，以中国国家自然科学基金委员会与俄罗斯基础研究基金会资助的基础研究合作为例，近年来的合作项目多为实质性合作，从2017—2019年项目申请情况看，获得资助的项目数量呈现大幅增长态势，分别为53项、189项和256项，合作项目涉及的学科领域也不断拓展。

截至目前，中俄境内各个省区已经建成多个科技合作基地。主要有浙江巨化中俄科技园（2001年）、黑龙江中俄科技合作及产业化中心（2001年）、洛阳中俄科技工业园（2003年）、莫斯科中俄友谊科技园（2003年）、牡丹江中俄科技信息产业园（2005年）、长春中俄科技园（2006年）、山东烟台中俄科技园（2009年）、江苏常州中俄科技产业园（2016年）等，2018年中俄丝路创新园的中方园区和俄方园区（位于俄罗斯莫斯科格林伍德区）均已开园，2019年上海中俄创新中心建立，科技创新产业领域选择侧重于人工智能、集成电路、生物医药、新材料等方向的重大科技项目，旨在加强中俄技术成果转移转化，孵化培育创新型企业。

此外，2019年中俄双方科研院所之间的合作又有新进展：俄罗斯自然科学院与智汇未来签约，共建"人工智能科技莫斯科研发中心"；镇江哈工大高端装备研究院与乌拉尔联邦大学LLC数字机械工程设计中心签署合作协议，成立"中俄机械工程智能技术研发中心"；中国科学院和俄罗斯科学院签订《中国科学院和俄罗斯科学院科学、科研创新合作路线图》，今后5年内双方将深化在极地研究、激光科学、深海研究、农业智能、生态环境等领域的合作。

二、中国与俄罗斯农业合作的内部劣势分析

（一）政治方面（WO）

时至今日，中俄两国的战略伙伴关系已经发展至"新时代中俄全面战略协作伙伴关系"，但在具体的农业产业等跨境合作项目的操作过程中，中俄经济利益间的冲突与矛盾仍在所难免。简言之，在中俄两国农业产业开发及林业、渔业、农牧产品等贸易方面，中俄两国均兼具战略合作伙伴和市场竞争者的双重身份。经济利益存在差异，冲突也是不可避免的，这种利益冲突也在一定程度上阻碍着中俄两国的农业合作进程，而双方在农业领域的进一步深入合作也将在某种程度上加剧双方在经济利益方面的冲突。

此外，虽然中俄一直有进行农业投资合作方面的努力，但是却一直缺乏相应的农业投资合作的制度，在如何最大限度利用双方的政策优惠，合理有效规避双方贸易壁垒，积极引导和鼓励两国的中小企业参与农业投资合作方面都缺乏明确的制度规范和及时的信息共享，导致很多中小企业望而却步。2020年受疫情影响，中国的许多农产品都面临滞销的问题，但中国通过许多的助农直播来带动国内农产品顺利进入市场，但与此同时俄罗斯国内却面临农产品供不应求物价上涨的难题，双方在信息上的不对等也能说明中俄农业投资合作缺乏科学有效的制度保障。

（二）经济方面（WE）

中国农业的国际直接投资的流入和流出状况完全不同，由图8-1可知，2011年和2019年流入中国的农业的国际直接投资分别为200 888万美元和56 183万美元，呈现逐年下降的趋势，但是中国农业对外直接投资的情况要曲折一些，2011—2016年对外直接投资净额一直在不断攀升，呈上升趋势，但2017年我国农业对外直接投资下降至250 769万美元，且之后两年趋于稳定。

中国农业国际直接投资流入的不断减少同中国国内整体的发展政策和产业结构调整有关，而中国农业对外直接投资在2016年之前不断提升则与中国大力倡导走出国门有关，2017年受中美贸易摩擦和全球经济下行影响，中国农业对外直接投资才出现明显下降，但仍然稳定在200 000万美元以上。中国农业实际利用外商投资金额逐年下降而且幅度较大，一方面是因为中国近年来着重发展高新技术产业来吸引

外资，另一方面是因为许多地方的农业发展利用外资水平较低，缺乏相关的人才和企业，这也对中俄农业投资合作造成一定的消极影响。

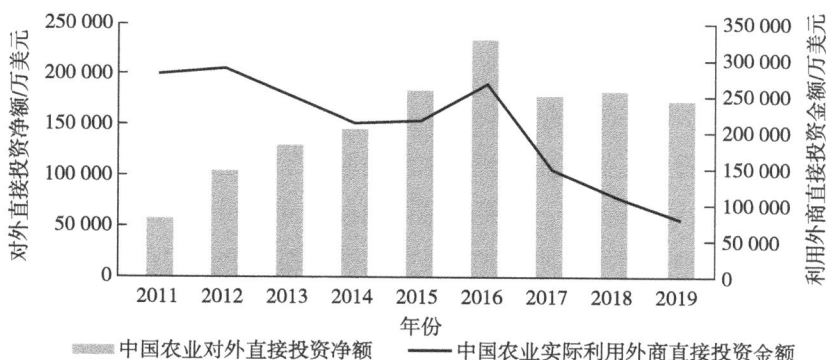

图8-1　2011—2019年中国农业国际直接投资出入图

数据来源：联合国粮食及农业组织。

（三）社会方面（WS）

在中俄农业产业合作扩展、深化过程中，社会层面上中俄文化的差异和认知的矛盾逐渐显现，也在某种程度负面影响着两国农业产业的进一步合作。在国际经济合作中，由于文化差异和由此产生的文化冲突并不罕见。中俄两国在语言、思维、种族心理、社会习惯、价值观、信仰、习俗、宗教、传统、政治思想上均存在较大差异，两国投资者、管理者的世界观和其他方面的差异也反映了上述各方面的综合影响，所造成的不确定性让另一方难以理解和把握，这种矛盾状态意味着文化差异导致的风险增加。

此外，作为近邻，中国拥有着丰富基础设施、农业产业开发的经验，拥有人力、技术、资金优势，本应该成为俄远东农业项目开发的首选合作对象。但由于历史上的领土争端、价值观分歧等问题，加之担心其成为中国崛起的原材料附庸国，俄罗斯版的"中国威胁论"仍有一定的传播空间，也代表了其国内对本地区开发的矛盾心理，集中体现在：中国商品挤压俄罗斯商品市场、中国劳工大量涌入抢占就业机会、中国资本购买俄罗斯资产等议题上。"中国威胁论"无疑是增加了中俄在远东地区农业合作的风险，更是恶化了远东地区与中国的农业合作关系。

（四）技术方面（WT）

对于中国而言，受"重应用研究、轻基础研究"思想影响，基础研究投入相对较少，占研发总投入比重在 5% 左右，远低于主要创新型国家15%～25%的水平，导致重大原创性科学理论和科学思想的产出相对不足，近年来中国政府已经深刻认识到基础研究的重要作用，正在加大对其的投入和支持力度；对俄罗斯而言，其一直以来较为重视基础研究发展，其基础研究占研发总投入的比重基本保持在 10% ~ 20%，在基础研究领域，特别是数学、核聚变、固体物理学、化学、生物学、地球科学和空间科学等领域具有雄厚实力。

此外，总体来看，中俄科技创新合作已经取得了长足进展，但也存在一些亟待解决的矛盾与问题，概括而言，主要问题体现在四个方面：一是中俄科技创新合作的体制机制前瞻性和可持续性不足；二是中俄科技创新合作的企业主体作用发挥不够，市场化程度不高，科技成果转化不够顺畅，对产业的支撑作用不强；三是中俄科技创新合作的信息渠道有待整合，企业需要的科技合作项目、科技创新战略政策、对外科技合作政策和合作规范，以及科技人才、科技文献、科技数据等信息在获取上存在一定障碍；四是中俄科技创新合作在基础研究领域有待加强，资助强度较低，项目类别相对单一，多数只停留在合作交流项目和双边研讨会项目层面，实质合作研究类项目不多，难以满足两国在基础研究领域的合作需求[①]。

三、中国与俄罗斯农业合作的外部机遇分析

（一）政治方面（OP）

自从俄罗斯 2012 年正式加入 WTO，俄罗斯不断调整其国内农业及贸易政策扩大了农业贸易的规模。但 2013 年的乌克兰危机事件所引起的一系列制裁措施，使得俄罗斯传统的从美、欧进口农产品渠道受阻，俄罗斯国内农产品市场需求无法得到满足，进而导致俄罗斯经济遭受重创，国内生产总值增速放缓，俄罗斯转而开始反思国内的产业结构发展中出现的问题。因此，俄罗斯逐渐将农产品贸易进口的重心转移至亚洲地区，拥有巨大的农产品生产量的中国显然是其首选目标，且从中国对俄罗斯农业的投资程度也能发现农业时常占据中国对俄罗斯全行业投资比重的榜首，这也侧面反映了俄罗斯对于接受中国农业投资的积极性。

此外，2018 年中美贸易摩擦，严重影响了中国农业的对外开放进程，如果中美贸易摩擦得不到有效控制，势必会造成更大范围的国际经济波动。而为了缓解这些消极影响，中国也开始寻找同类产品的替代者，2019 年开始成为热门的中俄大豆贸易也与此有关。在当前国内外经济局势下，中国和俄罗斯面临的经济摩擦和制裁反

---

① 中国社会科学院俄罗斯东欧中亚研究所，中国社会科学院俄罗斯研究中心.俄罗斯黄皮书：俄罗斯发展报告（2020）[M].北京：社会科学文献出版社，2020.

倒为双方的农业合作提供了新的挑战，为改变中俄原本单一的农产品贸易结构提供了新的突破口。因此，中国对俄罗斯农产品出口贸易拥有广阔前景。

（二）经济方面（OE）

经济基础是投资于一个国家极为重要的因素，经济往往和投资吸引力成正比。从图8-2、图8-3可看出，虽然受疫情影响俄罗斯2020年GDP有所下降，但是从2015—2020年俄罗斯的国民总收入，我们可以看出俄罗斯的投资前景十分广阔，因此中国对俄罗斯的投资既是一个机遇，也是一个挑战，我国企业应该投资未来发展有潜力的行业，并加以创新。

此外，尽管2020年的疫情对全世界的经济都造成了巨大冲击，特别是农业，但中俄农业投资合作在疫情冲击面前仍然展现出其较高韧性。中国国家统计局数据显示，2020年前8个月，中俄农工产品贸易额同比增长了11.2%。其中，俄罗斯农产品对华出口25亿美元，增长28.5%。中国已成为俄农产品对外出口的最大市场，而最受欢迎的俄农产品包括冷冻鱼、葵花籽油、豆油、禽肉、虾蟹、大豆，分别占俄农产品对华出口总量的37%、16.4%、7.8%、7.5%、6.5%、6.2%。通过2019年和2020年官方公布的数据来看中俄都有意积极推动双方在农业方面乃至其他领域的合作，并且已经取得一定成效，即使受到疫情冲击，未来相信中俄农产品贸易投资依旧蒸蒸日上。

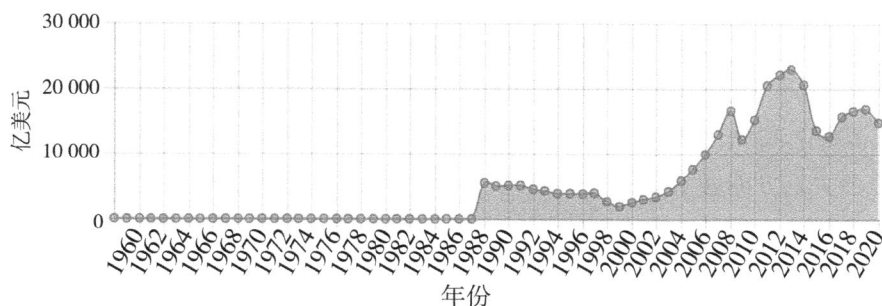

图8-2　1960—2020俄罗斯GDP走势图

数据来源：世界银行数据库。

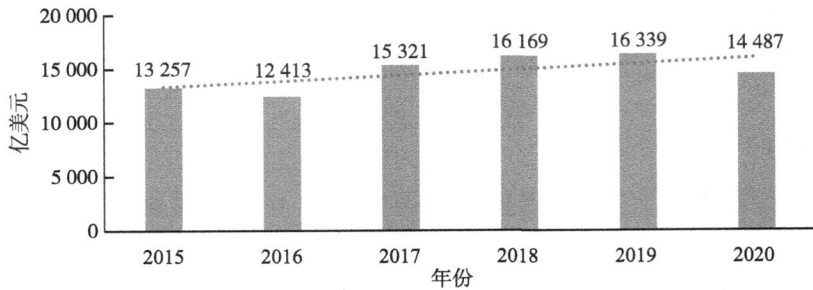

图8-3　2015—2020俄罗斯国民总收入

数据来源：世界银行数据库。

（三）社会方面（OS）

2020年底，俄民调机构列瓦达中心推出了俄罗斯民众推选的"年度事件和人物"。39%的俄罗斯人认为新冠疫情以及相关的限制措施是过去一年最为重要的事件，有11%的俄罗斯人认为最重要的事件是修宪，8%的俄罗斯人认为是物价上涨和其他社会经济问题。在年度人物（世界范围内）评选中，33%的俄罗斯人选择了普京，俄总理米舒斯京获得了13%的俄罗斯人的支持，有8%的俄罗斯人选择白俄罗斯总统卢卡申科为"年度人物"。

这些大事都对俄社会形势产生重大的影响。表现为，第一，新冠疫情进行了最大规模的社会动员，各种类型的社会组织、志愿者等社会领域的积极力量为支持医疗机构、救助弱势群体、执行抗疫政策做出重要贡献。第二，修宪是2020年俄罗斯最受瞩目的政治事件，具有深远的影响力。在学界普遍关注的政治体制改革（如总统任期清零）之外，修宪还在构建俄罗斯多民族国家共同体、社会团结、和谐的国家—社会关系方面做出了努力。因此，从总体来看，社会文化方面表现出的利好现象有利于俄罗斯投资环境的改善。

（四）技术方面（OT）

科学不断进步，各国都要通过各种方法来提高自己在竞争中的地位。以中国国家自然科学基金委员会与俄罗斯基础研究基金会资助的基础研究合作为例，近年来的合作项目多为实质性合作，从近三年项目申请情况看，获得资助的项目数量呈现大幅增长态势，2017—2019年分别为53项、189项和256项，合作项目涉及的学科领域也不断拓展。

四、中国与俄罗斯农业合作的外部挑战分析

（一）政治方面（TP）

从俄美关系来看，2019年的俄美关系趋于平淡，双边政治关系乏善可陈，既没有恶化，也没有改善；双边经济关系维持在很低的水平。美俄先后正式退出了《中导条约》，并就《新削减战略武器条约》（又称《第三阶段削减和限制进攻性战略武器条约》）的存废不断争吵。此外，俄美在乌克兰、叙利亚、委内瑞拉和朝鲜的地缘冲突使得俄美之间的斗争日益激烈。从更深层次来看，意识形态分歧仍然是俄美之间各种纷争的重要根源。

从俄欧关系来看，2018年发生了再次令西方与俄罗斯对抗的俄前间谍中毒案和"刻赤海峡冲突"事件，对俄欧关系造成严重影响；随后2019年，双方关系继续呈现紧张态势，俄罗斯迫切希望欧盟解除制裁，但欧盟方面受各种因素影响在实现双方关系正常化方面并未表现出积极的态度。因此，在目前的形势下，俄欧关系恢复正常仍有待时机，俄罗斯的国际环境改善也需要时间，这一系列不利因素也会影响到中俄农业合作的长远发展。

（二）经济方面（TE）

从1997—2019年，俄罗斯经济的运行呈现前低后高，逐渐加速的趋势，又逐渐放缓的趋势。2019年11月13日，俄罗斯联邦国家统计局发布的数据显示，第三季度俄罗斯国内生产总值增速为1.7%，好于一季度的0.5%和二季度的0.9%，全年前9个月经济增速平均为1.1%，但全年增速只有1.3%，低于2018年（2.5%）和2017年（1.83%）的水平，是2016年第四季度走出经济危机后GDP增速最低的一年。这说明俄罗斯力推的"突破性发展"战略效果不彰，究其原因，正如俄罗斯政府官员自己指出的，经济的结构性问题制约了俄罗斯经济的快速发展。

表8-1　1997—2020年俄罗斯GDP以及GDP增速表

年份	GDP（美元现价）/百万美元	GDP 增速/%
1997	404 928.95	1.4
1998	270 955.49	−5.3
1999	195 907.13	6.4
2000	259 710.14	10
2001	306 602.07	5.1
2002	345 470.49	4.7

年份	GDP（美元现价）/百万美元	GDP增速/%
2003	430 347.77	7.3
2004	591 016.69	7.2
2005	764 017.11	6.4
2006	989 930.54	8.2
2007	1 299 705.76	8.5
2008	1 660 846.39	5.2
2009	1 222 644.28	−7.8
2010	1 524 917.47	4.5
2011	2 045 925.61	4.3
2012	2 208 295.77	4.02
2013	2 292 473.25	1.76
2014	2 059 241.97	0.74
2015	1 363 481.06	−1.97
2016	1 276 786.98	0.19
2017	1 574 199.39	1.83
2018	1 657 328.87	2.5
2019	1 687 448.53	1.3
2020	1 483 497.78	−2.95

数据来源：世界银行。

（三）社会方面（TS）

2019年莫斯科卡内基中心和列瓦达中心联合开展的社会调查结果显示，俄罗斯公民认为当今社会面临的最严峻问题是：物价上涨（59%）、贫困（42%）、贪污受贿（41%）、失业率上升（36%）、医疗服务不足（30%）、收入分配不平等（29%）和环境恶化（24%）。在回答需要优先解决哪些问题时，受访者建议提高退休金和生活水平（24%）、更换政府（13%）、降低住房和公共服务费及控制药价和物价（11%）、反腐（10%）、改善医疗条件（9%）、改进教育（8%）以及提供就业岗位（7%）、公平选举（9%）、法院独立（8%）。59%的受访者表示国家需要进行重大的社会经济变革（两年前这一比例为42%），只有8%的受访者认为应保持现状。

通过进一步的分析，社会心态求变与民生困难有密切关系。2019年俄罗斯总统普京多次督促政府加紧推进"突破性发展"战略，2019年4月17日，梅德韦杰夫在国家杜马发表的政府工作报告中，表示今后几年的主要努力方向是实现"突破性发展"战略，工作重点在于落实12个国家项目。2019年6月20日，普京在"与普京直播连线"电视节目中承认，俄罗斯人的日子确实比以前过得艰难，这种状况不仅与西方制裁有关，而且与油气出口有关。

　　俄罗斯当前严重的社会问题势必会影响到投资者信心，加大农业投资风险。

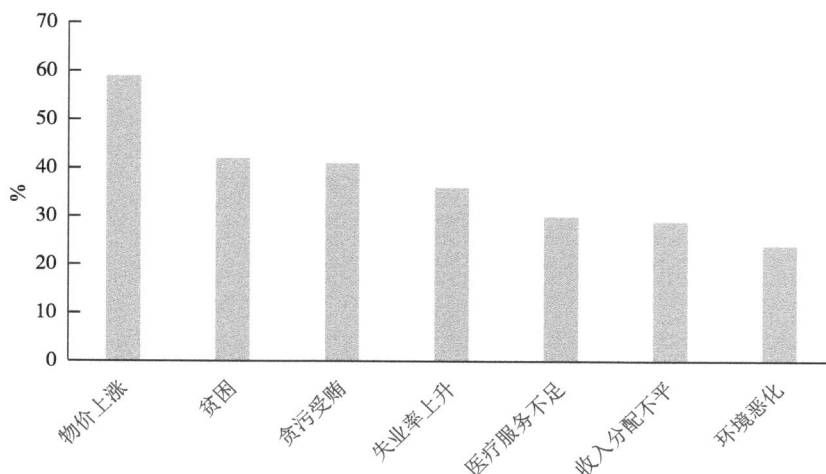

图8-4　2019年俄罗斯公民认为当今社会面临的最严峻问题

数据来源：莫斯科卡内基中心和列瓦达中心。

（四）技术方面（TT）

　　数字经济和数字技术的落后是俄罗斯经济发展的重要限制因素。2017年7月俄罗斯总统普京在发展与优先项目委员会会议上发言时指出，数字经济关乎俄罗斯的国家安全和独立，关乎国内公司的竞争力，从长远来看，还关乎未来十年俄罗斯在世界舞台上的地位。但一直以来，阻碍俄罗斯数字经济发展和数字化转型的症结是动能不足。从企业层面看，俄罗斯企业对数字化转型意愿并不强。普华永道2019年的一项研究证实，虽然俄罗斯61%的私有公司首席执行官承认，从长远来看，数字化对企业生存具有至关重要的作用，但认为技术只会优化某些日常工作流程，而无助于解决战略问题，因此仅有22%的私有公司计划将投资的5%以上用于数字化转型。从电子商务发展看，2019年俄罗斯在线购物的渗透率仅为6.2%。

　　因此数字技术的落后使得中俄农业合作只停留在低层次的合作上，影响到中俄农业合作向高层次推进。

第九章

中俄绿色农产品贸易的竞争性与互补性分析

一、中俄绿色农产品贸易的竞争性与互补性分析

（一）显示性比较优势指数分析

显示性比较优势指数（RCA）排除了国家和世界的总量变动等因素，因此我们可以得到一个国家或者地区的一个产业在世界范围内的贸易中的所占的较为纯粹的比较优势。计算方法如下：

$$RCA_{ij} = (\frac{X_{ij}}{X_{tj}}) \div (\frac{X_{iw}}{X_w}) \quad (9-1)$$

因为本书研究中国和俄罗斯两国之间农产品的比较优势，所以RCA公式可以写为：

$$RCA_i = (\frac{X_{ij}}{X}) \div (\frac{W_i}{W}) \quad (9-2)$$

式中，X_{ij}和X分别代表一段时间内i向世界农产品出口贸易额和包含农产品在内所有类别商品的总出口额，W_i和W表示世界所有国家和地区的农产品在同时期的出口贸易额和包含农产品在内所有类别商品总出口额。

比较优势指数可以反映一个国家产业在世界市场中的竞争地位。如果RCA > 2.5，则表明该国该产业具有极强的竞争力，如果1.25 ≤ RCA ≤ 2.5，则表明该国该产业具有较强的国际竞争力，如果0.8 ≤ RCA ≤ 1.25，则表明该国该产业具有中度的国际竞争力，如果RCA < 0.8，则表明该产业竞争力弱。表9-1为2011—2019年中俄农产品显示性比较优势指数对比表，从表中数据可以得知，2011—2019年中国的比较优势指数范围在0.38 ~ 0.46，由此可以得知中国的农产品在世界农产品市场上竞争优势较弱，而俄罗斯的比较优势指数范围在0.99 ~ 2.13，表明俄罗斯的农产品贸易整体在世界农产品市场上有明显的比较优势。

表9-1　2011—2019年中俄农产品显示性比较优势指数对比表

年份	中国	俄罗斯
2011	0.433 584 45	1.798 621 515
2012	0.432 026 05	1.858 474 033
2013	0.443 530 84	2.054 284 25
2014	0.468 142 52	2.139 751 428

年份	中国	俄罗斯
2015	0.393 956 21	1.847 258 558
2016	0.415 999 76	1.025 143 717
2017	0.400 217 18	0.998 111 264
2018	0.409 068 97	1.358 406 699
2019	0.388 918 93	1.269 051 079

数据来源：由 UN COMTRADE 联合国商品贸易统计数据库数据计算得到，网址：https://comtrade.un.org。

从纵向变化趋势的角度出发，如图9-1所示，2011—2019年中国农产品的比较优势指数一直趋于比较稳定的状态；相反，俄罗斯2011—2014年期间农产品的比较优势指数一直趋于稳定上升状态，但是在2015年开始逐年下降，直到2017年下降至9年间最低点（0.998 111 264）。俄罗斯农产品比较优势指数在2015—2017年的接连下跌与上述提到的当时的政治环境有关。但是俄罗斯后续的一系列措施有力地帮助俄罗斯的农产品比较优势指数逐步回升。

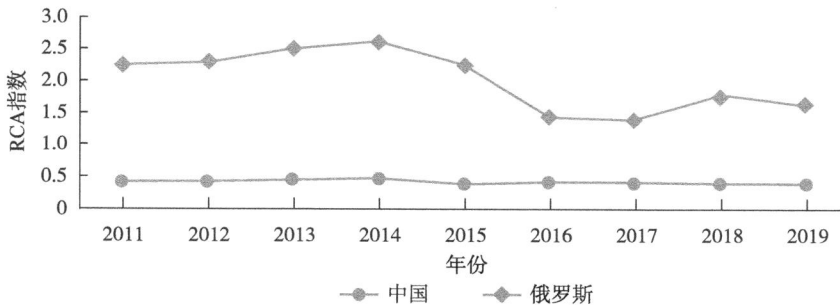

图9-1 中俄农产品比较优势指数折线图

而从横向趋势的角度出发，俄罗斯对中国出口农产品的显示性比较优势指数（RCA）高于中国，中国农产品处于比较劣势的地位，中国农产品在国际市场的竞争力不足，这也与中国对俄罗斯农产品贸易长期处于贸易逆差的状态相符合。这也与近年来俄罗斯重视农产品出口，限制进口的政策有关，但这并不意味着中国农产品在俄罗斯市场上没有竞争空间，只是短期内无法大规模进入俄罗斯市场。

（二）贸易互补性指数

通过表9-2可以得出，2011—2014年中国对俄罗斯TCI指数中大于1的商品为第7类（食用蔬菜、根及块茎）、第20类（蔬菜、水果等的制品），这表明在"一带一路"建设大力推行之前，中国在对俄罗斯出口结构中最具互补性的产品就是水果蔬菜以及丝绸。但是2015年国家发展改革委、外交部和商务部联合发布了《推动共建丝绸之路经济带和21世纪海上丝绸之路的愿景与行动》之后，该结构开始发生变化，第13类（虫胶、树胶、树脂等）的指数在逐年上升，2016年时甚至达到2.173，这表明中国与俄罗斯在该类产品上的互补性极强，中国对俄罗斯出口的农产品中截至2019年该类产品的贸易互补性指数最高。

如表9-3所示，俄罗斯对中国TCI指数中大于1的产品变化较小，其中包括第3类（鱼类和甲壳类动物等）、第10类（谷物）、第12类（油子仁、药用植物等）、第14类（其他植物产品）、第15类（动、植物油、脂等）。而这五类产品中，截至2019年贸易互补性指数最高的三类产品分别是第3类、第12类、第15类，并且都大于2.5，这表明在这三类产品中俄罗斯的出口市场供给与中国的进口市场需求贴合度较高。

总体来说，俄罗斯对中国农产品出口的贸易互补性指数远远高于中国对俄罗斯农产品出口的贸易互补性指数。这一定程度上可以解释中俄农产品贸易中两国逆差和顺差地位长期保持不变这一现象。

表9-2 2011—2019年中国对俄罗斯贸易互补性指数表

HS编码分类	年份								
	2011	2012	2013	2014	2015	2016	2017	2018	2019
HS01	0.252	0.258	0.152	0.084	0.113	0.103	0.088	0.104	0.101
HS02	0.173	0.173	0.141	0.124	0.092	0.067	0.061	0.038	0.030
HS03	0.890	0.911	1.059	0.909	0.641	0.678	0.605	0.547	0.516
HS04	0.052	0.084	0.085	0.071	0.074	0.098	0.077	0.057	0.072
HS05	1.079	0.849	0.620	0.464	0.458	0.507	0.684	0.687	0.486
HS06	0.168	0.210	0.192	0.252	0.224	0.294	0.235	0.162	0.173
HS07	2.361	1.510	1.543	1.653	1.343	1.229	1.380	1.298	1.234
HS08	0.815	0.866	0.773	0.608	0.599	0.661	0.602	0.541	0.610
HS09	0.329	0.345	0.454	0.429	0.473	0.619	0.521	0.559	0.640
HS10	0.005	0.005	0.007	0.005	0.003	0.006	0.008	0.008	0.010
HS11	0.115	0.101	0.098	0.093	0.076	0.099	0.082	0.083	0.088
HS12	0.122	0.100	0.115	0.160	0.181	0.212	0.169	0.156	0.170
HS13	0.954	0.402	0.748	1.025	1.653	2.173	1.910	1.819	1.824
HS14	0.063	0.120	0.086	0.103	0.135	0.208	0.215	0.182	0.220
HS15	0.024	0.020	0.023	0.026	0.033	0.034	0.038	0.056	0.069
HS16	0.607	0.837	0.857	0.810	0.527	0.659	0.649	0.659	0.579

HS编码分类	年份								
	2011	2012	2013	2014	2015	2016	2017	2018	2019
HS17	0.312	0.101	0.117	0.182	0.202	0.170	0.112	0.141	0.150
HS18	0.076	0.080	0.085	0.081	0.068	0.073	0.062	0.064	0.066
HS19	0.124	0.144	0.144	0.139	0.099	0.101	0.100	0.108	0.107
HS20	1.144	1.171	1.085	1.016	0.855	0.961	0.893	0.835	0.806
HS21	0.353	0.338	0.339	0.333	0.295	0.531	0.510	0.285	0.304
HS22	0.101	0.116	0.112	0.123	0.113	0.143	0.156	0.137	0.135
HS23	0.173	0.202	0.173	0.179	0.161	0.178	0.161	0.152	0.148
HS24	0.280	0.266	0.280	0.257	0.327	0.380	0.258	0.218	0.217

数据来源：由UN COMTRADE联合国商品贸易统计数据库数据计算得到，网址：https://comtrade.un.org。

表9-3　2011—2019年俄罗斯对中国贸易互补性指数表

HS编码分类	年份								
	2011	2012	2013	2014	2015	2016	2017	2018	2019
HS01	0.004	0.007	0.009	0.028	0.024	0.017	0.015	0.024	0.035
HS02	0.004	0.011	0.020	0.024	0.057	0.141	0.137	0.206	0.434
HS03	0.861	0.871	0.946	0.987	1.593	1.420	1.227	2.146	2.941
HS04	0.028	0.087	0.115	0.136	0.113	0.116	0.117	0.129	0.157
HS05	0.121	0.141	0.218	0.198	0.361	0.428	0.367	0.444	0.571
HS06	0.000	0.000	0.001	0.001	0.002	0.002	0.003	0.001	0.002
HS07	0.074	0.135	0.082	0.090	0.211	0.143	0.122	0.121	0.100
HS08	0.012	0.028	0.019	0.024	0.038	0.028	0.029	0.042	0.058
HS09	0.005	0.011	0.013	0.014	0.020	0.032	0.019	0.032	0.052
HS10	0.396	1.242	0.934	1.833	4.062	2.504	2.844	3.519	2.643
HS11	0.341	0.164	0.217	0.308	0.703	0.536	0.442	0.573	0.789
HS12	0.552	0.986	0.806	0.971	1.633	1.817	1.801	2.193	2.916
HS13	0.003	0.004	0.009	0.017	0.028	0.033	0.036	0.041	0.050
HS14	1.452	1.914	1.365	1.466	1.907	1.424	0.669	0.845	1.386
HS15	0.629	1.513	1.375	1.416	1.727	1.582	1.493	1.918	3.238
HS16	0.005	0.009	0.010	0.012	0.014	0.010	0.126	0.228	0.303
HS17	0.089	0.159	0.152	0.141	0.201	0.144	0.198	0.245	0.387
HS18	0.061	0.112	0.143	0.147	0.153	0.113	0.103	0.149	0.163
HS19	0.070	0.151	0.216	0.250	0.437	0.432	0.418	0.485	0.571

续　表

HS编码分类	年份								
	2011	2012	2013	2014	2015	2016	2017	2018	2019
HS20	0.007	0.020	0.026	0.035	0.055	0.051	0.050	0.073	0.089
HS21	0.048	0.081	0.106	0.124	0.202	0.301	0.303	0.266	0.286
HS22	0.051	0.083	0.083	0.088	0.147	0.149	0.144	0.169	0.159
HS23	0.178	0.268	0.324	0.434	0.700	0.465	0.368	0.466	0.578
HS24	0.165	0.268	0.324	0.585	0.799	0.542	0.402	0.317	0.378

数据来源：由 UN COMTRADE 联合国商品贸易统计数据库数据计算得到，网址：https://comtrade.un.org。

第十章

中俄农业合作潜力分析及重点合作项目

一、基于钻石模型的潜力分析

国家竞争优势理论由哈佛大学商学研究院迈克尔·波特提出，波特的国际竞争优势模型又称钻石模型（如图10-1所示）。波特的观点是一个国家的四大特征形成了当地企业竞争环境，这些特性促进或阻碍竞争优势的建立。根据国家竞争优势理论，中俄农业合作的潜力分析如下。

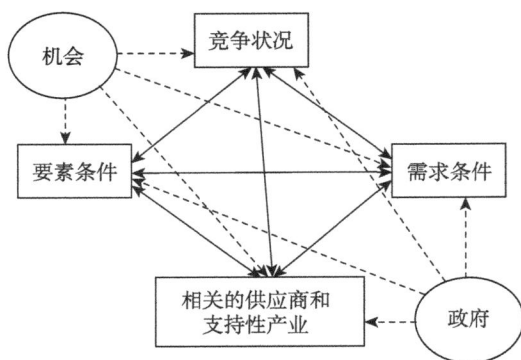

图 10-1　钻石模型

1. 中国和俄罗斯农业合作生产要素条件分析

（1）中国生产要素分析

第一，人力资源。中国自古以来就是农业大国，并且劳动力资源富足，在2017年中国劳动力占总人数的55.9%，并且中国的劳动力成本较低。

第二，自然资源。中国是亚洲最大的国家，陆地面积约960万平方千米，拥有约1.8万公里的海岸线以及约473万平方千米的海域面积，使得中国注定是同时具备陆权和海权的国家。庞大的国土为中国跻身世界一流国家奠定了最坚实、最基本的物质基础。由于海陆兼备的先天条件，中国陆上和海上贸易都发达。

第三，气候条件。从气候上讲，我国受经纬度以及海陆影响，气候类型丰富，加上我国境内有高原、丘陵、草原、盆地、沙漠、平原等不同的土地类型，黄河、长江、洞庭湖、鄱阳湖等相对充沛的水资源，因此，我国在粮食种植、畜牧养殖等方面有着极大的优势。

第四，知识资源。现代中俄农业合作中，科学技术占主导地位，中国一直以来都是农业大国，在农业人才培养方面一直不遗余力，培养了大批的高学历专业人才，推动了中国农业科技进步。

（2）俄罗斯的生产要素分析

第一，俄罗斯农业地理环境。俄罗斯的国土总面积达1 700多万平方公里，水域面积占13%。其中25%的土地（约4亿公顷）都有潜在的农用价值[①]。东西长为9 000公里，横跨11个时区；南北宽为4 000公里，跨越4个气候带。

但是俄罗斯地处中、高纬度，跨三个气候带，其平均温度只有 −5.5℃，俄罗斯也因此被形象地称为"冷荒漠"，这种寒冷气候对农业的影响最大。俄罗斯虽地域辽阔，国土资源丰富，但由于北部气候寒冷、土壤贫瘠或荒漠化大量存在、地形崎岖不平等原因，可用于农耕的土地仅占其国土面积的20%左右[②]。

第二，俄罗斯农业人力资本。OECD统计数据库资料显示，相比其他国家而言，俄罗斯劳动力资源不足，2016年的76 636 120人为近年来最高，但在2016年之后劳动力人口逐渐下降，到2019年俄罗斯的劳动力人口为75 287 270人[③]。由此也可得知俄罗斯在农业方面的劳动力人口不足，农业人力资本短缺。而中国作为世界第一人口大国，近年来国内的就业压力巨大，人才市场饱和，双方之间进行农业人力资源方面的合作，既有助于解决俄罗斯劳动力不足的问题，又能缓解中国国内的就业压力。

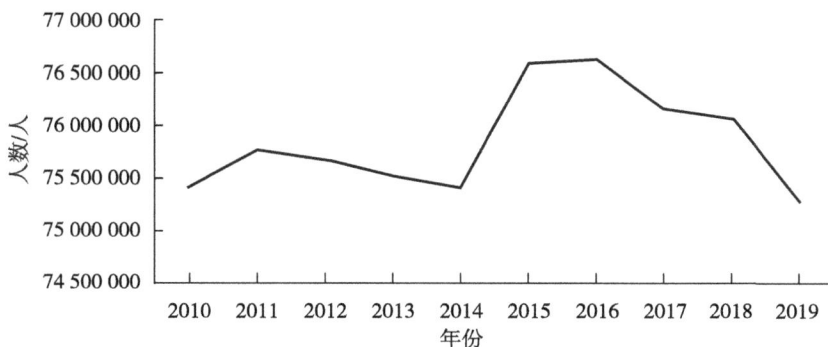

图10-2　俄罗斯历年劳动人口变化趋势

数据来源：OECD统计数据库，网址：https://stats.oecd.org。

俄罗斯地域面积较宽广，但国内基础设施的发展水平较差，交通网络过于分散，这种情况在西伯利亚地区和远东地区特别明显。中俄农产品贸易主要依靠铁路

---

① 张红侠.中美贸易摩擦背景下的中俄农业合作[J].俄罗斯东欧中亚研究，2020（2）：38-49，155.
② 孙建新.浅析自然地理要素对俄罗斯发展的影响[J].衡阳师范学院学报，2016，37（3）：71-75.
③ 数据来源：OECD统计数据库，网址：https://stats.oecd.org。

和公路运输，这两种运输方式的效率相对低下，运输量也有限，一定程度上打击了中俄农产品贸易的时效性，较中国与其他国家农产品贸易的海洋运输而言劣势明显。中俄在石油和天然气领域已经有过多次基建项目的合作，具备一定的合作基础，中俄的农业投资合作也需要考虑完善相应的基础设施建设，为日后的长远发展提供保障。

2. 需求条件分析

俄罗斯统计局数据显示，尽管政府作出很多努力，俄罗斯的食品价格仍在上涨。2021年2月的消费价格比2020年2月上涨了5.7%。推动经济增长的是食品价格的上涨，食品价格按年率计算上涨了7.7%。自2020年第二季度以来，食品价格的上涨一直在持续，这是一个全球现象。随着中国需求激增，供应链受到新冠疫情的影响，恶劣天气阻碍了收成，全球粮食价格升至六年来高点。但是，食品价格的上涨对各国的影响是不平等的。在俄罗斯，食品价格在2020年上涨了6.7%。特别是水果和蔬菜的通货膨胀率为17.4%[①]。

俄罗斯人普遍比富裕国家的消费者更感受到这些变化，因为收入较低意味着家庭预算的很大一部分用于食品消费。2020年俄罗斯的实际可支配收入下降了3.5%。这些数据侧面反映俄罗斯国内农产品的结构单一，需求较大，许多农产品依旧需要依赖进口。

3. 供应商和支持性产业分析

2013—2017年在俄罗斯从事农林牧渔服务业的中国企业数量累计为36家，2016年新增13家，占当年在俄罗斯投资企业总数量的15.29%。据农业农村部对外经济合作中心企业信息采集系统统计，2017年仅从事生产环节的企业23家，占在俄罗斯投资企业的32.86%左右，比2013年减少57%[②]；同时运营两种及两种以上业务活动的企业共34家。俄罗斯农业企业数量过少也说明其缺少农业企业管理的人才和相关的管理经验，而中国国内的农业企业数量较多，管理经验丰富，正好能同俄罗斯在农业企业管理方面开展合作。

4. 农业政策分析

近年来俄罗斯一直致力于大力发展农业，根据俄罗斯农业部官网消息，2021年3月16日和17日，俄罗斯农业部长德米特里·帕特鲁舍夫会见了国家杜马有关委员会成员，报告了农业部门监管、国家扶持措施、农村地区发展、春季田间工作进

---

① 资料来源：俄罗斯联邦农业部，网址：https://mcx.gov.ru 。

② 龙盾，陈瑞剑，杨光. "一带一路"建设下中国企业赴俄罗斯农业投资现状及分析[J].世界农业，2019(9)：96-103.

展和其他热点问题。这份报告指出2021年俄罗斯政府将拨出约2 870亿卢布用于农业发展。特别是，将拨出347亿卢布用于农村发展，比去年增加约10亿卢布[①]。2021年，国家计划实施118个社会和工程基础设施项目和近2 000个美化项目。

此外，俄罗斯农业部拟起草一项国家方案，以利用新的农业用地，发展土地复垦部门。该方案计划于2022年启动。根据草案，10年内将有1 300多万公顷农田投入使用。俄国土资源部还预计，土地复垦系统的恶化率将从78%降至30%。十年内方案计划投入资金总额约为7 540亿卢布。

俄罗斯政府对于农业部门的投资和多个相关项目的设立实施充分说明俄罗斯对农业发展的重视程度不断提升。

二、合作趋势及重点合作领域

本书根据联合国商品贸易统计数据库（UN comtrade）、联合国粮食及农业组织数据库（FAOSTAT）和中国海关总署官网统计数据中的中国与俄罗斯农产品贸易数据，运用贸易竞争性指数（RCA）和贸易互补性指数（TCI）分析了中国与俄罗斯农产品贸易竞争优势和互补性，结合中俄农产品双边贸易的特征和俄罗斯农业发展现状，对今后两国农产品贸易的发展趋势做出如下判断。

1. 中俄资源禀赋互补，农业合作前景广阔

近年来，随着中俄两国政治向好、经贸往来频繁、区域经济合作态势深化，中俄两国农业合作日趋深入，合作领域向深层次、宽领域方向迈进，体现为农产品贸易稳步增长、农业技术合作成效显著、农业投资潜力凸显等特点。俄罗斯地广人稀，从事农业生产的劳动力尤其匮乏，土地资源得不到充分利用。中国人多地少，劳动力富余，人均耕地面积与俄罗斯相差甚远。俄罗斯农业技术水平低，限制了农业的发展。因此，两国可以充分利用各自的比较优势资源，开展农业合作。

2. 中俄经济利益契合，双边农产品贸易规模将继续扩大

俄罗斯经济增长波动性大，对外贸易是拉动经济增长的重要力量，中国一直是俄罗斯最重要的贸易伙伴国，中俄贸易在俄罗斯对外贸易中占有举足轻重的地位，双边经贸往来频繁。近年来，随着双边交流合作不断增多，农产品贸易规模也持续增加，2019年6月5日，中俄元首决定将两国关系提升为"新时代中俄全面战略协作伙伴关系"，这是中国对外双边关系中首次出现"新时代全面战略协作伙伴关系"的新表述、新定位，这一举措更加推动了两国贸易的发展。俄罗斯作为"一 带 一

[①] 资料来源：俄罗斯联邦农业部，网址：https://mcx.gov.ru。

路"北线国家的重要支点，地缘位置十分重要，实现中俄双边贸易的快速发展，是"一带一路"倡议愿景的重要方面。因此，中俄农产品贸易规模有望持续上升。

3. 中俄优势农产品贸易有较大增长空间，农业合作类别与产品相对集中

第一，俄罗斯产品出口与中国农产品进口在许多产品上存在较强的互补性。中国农产品出口与俄罗斯农产品进口的贸易互补性并不强，俄罗斯农产品出口与中国农产品进口则存在较强的贸易互补性。俄罗斯农业投资较大，农产品投入成本低，政府相关补贴较多等各种原因使其农业发展强势，中国近年来对农产品的需求增长和国内许多农产品生产不能满足需求的现状为其提供了巨大的市场，所以俄罗斯农产品出口结构契合了中国的进口需求。

第二，中俄未来的农产品贸易集中在水果、粮食、肉类等方面。根据中俄农业投资合作现状得知，中国已成为俄农产品对外出口的最大市场，在中国市场上流动较大的俄农产品包括冷冻鱼、葵花籽油、豆油、禽肉、虾蟹、大豆以及菜籽油，相对地，中国主要向俄罗斯出口柑橘类水果、蔬菜等。

4. 中国贸易逆差地位继续扩大，中国对俄罗斯的农产品贸易比较优势较弱

第一，中俄农产品贸易逆差长期存在。中国一直以来是俄罗斯农产品出口的最大市场，中国海关总署的数据显示，中国自俄罗斯进口的农产品总值远远高于中国对俄罗斯出口的农产品总值，这导致在农产品贸易方面，俄罗斯一直处于顺差地位，而中国一直处于逆差地位。

第二，俄罗斯农产品贸易显示性比较优势指数大于中国，中国对俄罗斯的农产品贸易处于比较劣势的地位，未来中国农产品需要从产量和质量上持续发力，提升中国农产品出口的比较优势。这主要是因为中国对外贸易以及对外直接投资的重点一直以来都是制造业和高新技术产业，这同中国近些年的发展政策有关，并且中国的农业及农产品贸易发展更多集中在国内而不是国际，所以中国自身的农产品在国际上的优势和竞争力相对俄罗斯而言都较弱。

第十一章

中俄农业绿色合作的战略路径

一、规避投资风险

（一）完善中俄农业合作政策

第一，积极利用互联网等现代化技术和手段。后疫情时代为了减少疫情带来的传播风险，中国可以积极利用互联网手段来促成许多合作项目的顺利开展和洽谈。比如当前中国大热的电子商务和5G技术，双方企业可以积极利用这些高新技术手段来进行农业合作。比如中国的农业技术人才可以通过互联网对俄罗斯当地的农业发展提供远程指导，中国企业可以通过无人机和5G监测系统远程跟进位于俄罗斯当地的两国的合作项目进度。

第二，基于中俄农业投资合作现状制定和完善中俄农业投资合作政策。目前中国国内有许多较为成熟的农业合作信息服务平台，会及时发布农产品贸易和许多农产品企业的投资合作意向等信息，也可以借鉴这种平台的发展思路，建立中俄之间的农业信息服务平台，让双方能做到信息同步，减少双方的贸易信息闭塞所带来的损失。

第三，我国政府要不断推进区域通关一体化改革，提高我国海关查验的效率，完善直通放行、绿色通道制度。对于易腐的产品，可以避免重复查验，提高通关效率，从而促进我国出口贸易便利化和改善我国农产品出口环境。

（二）大力推动农业企业发展

中俄双方农业投资合作的项目应该带动双方更多中小企业加入，而非过去单纯地依赖国有企业牵头，促进双方农业投资合作市场化。将中方农业企业的管理经验和人才引进俄罗斯当地，推动俄罗斯当地的农业企业进一步发展，在数量和质量上得到显著提升，也有助于双方企业的长远合作。

（三）加强农产品防疫检测合作

第一，通过建立多层次合作机制加强中国和俄罗斯的农产品防疫检测。首先，双方建立绿色农产品防疫检测信息共享平台，以便及时传递有关农产品防疫的关键信息。其次，科研机构应加强联合研究项目，共同研究农产品防疫检测技术和标准，并促进科研人员之间的交流。此外，检测机构可通过联合培训和建立共同检测实验室，提高检测效率，确保双方贸易的顺畅进行。

第二，为促进贸易并确保标准一致性，双方应简化检测流程，降低贸易壁垒，同时建立信息互通机制以了解对方的检测标准和要求。双方还应致力于制定一致的农产品防疫检测技术标准，并建立定期评估机制以确保标准的及时更新。此外，共同进行农产品防疫风险评估，制定应对疫情暴发的应急计划，并建立危机管理机制，以确保在面对挑战时的有效沟通和应对能力。这些措施将有助于构建更加紧密和有效的中俄绿色农产品防疫检测合作关系。

（四）积极应对绿色贸易壁垒

第一，促进传统的劳动密集型农业向高技术精细化的农业生产转变。科学技术的发展，同时也在影响农业的方方面面，农业生产方式不再是手工更多的是半机械甚至是全机械作业，在这种生产过程中，更加容易把控产品安全。必然会达到农产品出口的安全标准。应对绿色贸易壁垒可以采取以下三种方式，一是对接俄罗斯方面的农产品进口食品安全标准。二是建立专门应对机构完善中国农产品出口快速预警和解决方案。三是培养更多的高级专业人才，为应对解决突发的绿色贸易壁垒事件，为中国方面提供及时有效的解决方法。

第二，建立技术性贸易壁垒预警机制。应有针对性地建立技术性贸易壁垒预警机制。建立一个包含政府、行业组织、专业服务部门及企业在内的各方共同参与、涉及诸多层面完善的预警机制。建立数据库、信息网，及时收集、整理、跟踪国外技术性贸易壁垒并发布国外技术性贸易壁垒最新动态，公布种养殖数量、出口数量及价格预测、各国外贸政策的调整、技术标准的变化等在内的农畜产品信息，既要做到预先将部分贸易摩擦消除在萌芽状态，又要做到一旦贸易摩擦发生，各方面紧密协作、合理分工，共同做好摩擦的协调和处理工作，将摩擦的影响和损失降到最低。

二、优化投资能力

（一）优化农业领域的投资能力

当前，投资俄罗斯绿色农业前景广阔。中俄绿色农业合作处于农业资源丰富、产业优势互补，中俄双方可在以下四个方面优化农业领域的投资能力。

第一，绿色农畜产品生产领域。俄罗斯是世界上最大的小麦出口国之一，同时也生产大豆、玉米等作物，俄罗斯也拥有广阔的牧场和丰富的饲料资源。因此投资于提高绿色农作物生产，投资于畜牧业、奶制品和肉制品生产，能够满足不断增长的本国和国际市场需求。此外，利用俄罗斯丰富的水资源，可投资水产养殖业，包括鱼类和贝类的养殖。这有望满足国内对水产品的需求，同时提供出口机会。

第二，绿色农畜产品深加工行业。未来需要关注农产品的深加工行业，包括粮食加工、肉制品加工、乳制品加工等，以提高附加值并满足食品加工行业的需求。

第三，投资可持续发展和绿色技术。农业合作绿色增长取决于绿色农业技术应用与市场开拓创新。绿色技术是提高绿色农畜产品种植管理和加工效率，促进减少污染等农畜产品生命周期管理的关键。通过开发有助于节约能源和原材料的技术和产品，绿色技术能够在农畜产品生产过程中实现经济与环境的和谐发展，实现农业可持续发展。绿色技术涵盖了农业产业全过程，涉及农业生产与流通效率、农产品安全、能源可再生等多个方面。因此，中国企业可以通过为农业生产、加工、流通多个关键领域提供绿色技术合作与创新，开拓绿色市场。例如，通过农业生产合作，为俄罗斯农业提供先进的农业技术和解决方案，例如智能农业、无人机农业、农业机器人等，以提高农业生产效率和可持续性。由于俄罗斯土地资源优势，投资能源作物（如生物质和生物燃料作物）的生产，以支持可再生能源的发展。在农业基础设施方面，投资绿色农业基础设施，例如灌溉系统、农业物流和仓储设施，以提高农业生产的可靠性和效率。

（二）扩展乡村旅游投资

鉴于俄罗斯美丽的自然风光和农村文化，企业可以投资乡村旅游、休闲旅游业，提供农家乐、农场体验等服务，各类农产品等旅游产品，对于提升农业产值、推动两国乡村经济的发展、深化双边农业合作具有重要意义。

第一，休闲旅游、乡村旅游的发展有助于刺激当地农业生产的多样性和特色，推动农业从传统的产销模式向旅游服务和体验型的产业升级。乡村旅游业能够拉动新鲜的农产品、特色食品市场需求，这有助于提高农产品的附加值。农村旅游业的发展将吸引游客前来参观、体验农村生活，为当地创造更多的就业机会。当地居民可以通过提供旅游服务、农产品销售等方式增加收入，提高生活水平。

第二，投资乡村旅游业对于促进基础设施、提高地区的吸引力提供助力，为当地地区发展创造了产业条件。更为重要的是，乡村旅游不仅是对自然环境的欣赏，也是对当地文化的了解。通过乡村旅游，中俄两国之间的文化交流得以加强，为农村产业的多元发展提供了契机。

总之，推动文化旅游融合发展、相互促进推动了农村地区的经济发展、农业产值提升以及农村文化的传承。在整合资源、创新模式的同时，可以实现旅游业和农业的互利共赢。不仅可以推动两国乡村经济的发展，还有助于深化双边农业合作与市场拓展。

三、促进贸易多元化

（一）调整中俄农产品贸易地位

中国和俄罗斯农产品贸易地位的形成并非一日之功，所以要想改变目前中国一直处于逆差的现状也不能急于求成，而是针对中俄农产品贸易的现状逐步推进。同时也要考虑到不能长期处于顺差地位，中俄双方的双边农产品贸易额可以一直在一个区间内波动，寻求双方的农产品贸易地位处于一种动态的平衡。

（二）丰富中俄农产品贸易结构

中俄农产品贸易的结构固化也是基于双方农产品贸易之间的互补性以及双方农业发展的规模局限性，但是中俄农业投资合作面临的新机遇也为丰富双方的农产品贸易结构提供了新的思路。

1.增加农产品出口种类

增加农产品出口种类对于提高我国对俄罗斯农产品出口的份额有好处，从而实现由以前单一地依靠增加出口数量到增加出口商品种类的转变。我国农民应培育新的农产品品种，并根据消费者偏好，培植出受农产品消费者喜爱的新种类的农产品。同时，我国农业产品的生产者应该更加注重农业产品卫生和质量，打造属于我国特有的农产品种类和品牌。

2.加大具有比较优势农业产品的出口

俄两国长期友好，全方位合作不断加强，经贸关系稳定发展。据中国海关统计，2022年，中俄贸易额为1 902.71亿美元，同比增长29.3%。当前，亟待提升贸易和投资便利化水平，大力推动农产品贸易等领域合作发展。

通过对中国农产品出口的RCA指数分析，中国农产品出口优势依然不足，但是总体情况是在波动中增长，对比中俄的TC数据也是如此，所以中俄农产品贸易在未来的发展趋势是较好的。中俄农产品贸易一直以来就有互补性的特征，因此在以后的合作中，要拓宽贸易产品范围，增加更多互补性产品形式。双方在农产品生产上的差异性为互补提供了可能，通过合作，有助于实现资源共享、提高效益、推动产业升级，实现资源共享，满足不同市场需求。中俄农业比较优势的出口合作为两国农业提供了广阔的发展空间。在加大农产品出口的同时，中俄双方需加强风险防范和合规合法合作，建立健全的质量检测和检疫体系，确保农产品出口符合目标国家的标准和法规，提高绿色农产品的生产与流通。

（三）提升农产品的国际竞争力

第一，通过技术创新和信息交流，中俄两国致力于提升农业生产效率。分享先进的农业技术、管理经验，加强农业科研合作，有助于提高生产水平，减少资源浪费，提高农产品质量，从而增强在国际市场的竞争力。

第二，从提升产业链竞争力来说，中俄双方可以在农业产业链的不同环节展开合作，包括农产品的种植、加工、包装、物流等。共同搭建农业产业合作平台，引导企业积极参与，推动双边农产品加工与附加值的提升，实现全产业链协同发展。

第三，为了提升中俄农产品的国际竞争力，双方应致力于打造共同的农产品品牌，强化国际市场的品牌价值。通过共同推进农产品的质量管理、标准制定，健全质检与防疫机制，建设有机农场和绿色农业示范区等措施，双方可以向国际市场推广更具有竞争力的产品。

（四）加大远东地区的开发力度

按照《2025年前俄罗斯远东和贝加尔地区社会经济发展战略》，俄罗斯将提振经济、调整结构、改善民生、加强对外合作列为首要任务。创新产品数量在全部产品中所占的比重从2010年的8.9%增加到2025年的16%。一是远东地区地广人稀，远东地区的面积多达621万平方千米，常住人口只有600多万；二是自然资源丰富，并且靠近海洋，海岸线绵长，渔业资源更是丰富；三是交通便利，在远东地区形成了较为完善的产业结构。2014年俄罗斯邀请中国投资开发远东地区，截至2018年中国是远东地区的第一外资来源国，累计项目多达28个。

四、加大科研投资

（一）加大农业科研力度

中俄农产品贸易要在"一带一路"建设背景下大力发展，加大农业科研投资是必不可少的。要加大科研投资，培养专业人才，对于文化程度较低的农民提供帮扶政策，积极开展线上线下培训活动，加大力度培养专门人才，推动中俄农业合作发展，为中俄农产品贸易提供稳定的发展机会。

我国政府部门应加大对农业技术研发的力度，并提供给农产品生产企业足够的资金补助支持。农业产品的生产企业应加大培养专业高素质的农产品生产人员，加大农业科研力度。随着我国农业科研力度的加大，会增加我国农业产品种类，会使我国原有农业产品具有更高的竞争力，进而增加农业产品附加值。

（二）加大农业产品质量监管

首先，加强质量标准体系建设。通过建立质量标准与认证体系、共享先进技术和管理经验，实施农产品追溯体系、强化质量检测与检疫体系。通过信息共享，及时分享有关农产品质量的信息，包括生产过程中的问题、质量检测结果等。

其次，促进中俄双方在质量监管与培训协作。加强对从业人员的培训和教育，提高其对质量监管的认识和操作水平、设立应急处理机制，以迅速应对质量问题的发生。建立有效的应急预案，包括召回机制、投诉处理流程等，以降低质量问题对合作关系的负面影响。

通过以上措施的实施，可以更好地确保中俄农产品合作的质量监管，提高合作的可持续性和稳定性。

（三）加强平台建设

第一，在产业发展层面，加强中俄绿色农业合作平台建设是促进绿色农业的可持续发展、提高生产效率和保护环境而采取的关键举措。具体而言，双方可以通过建立中俄绿色农业联合研究机构、共享绿色农业技术、建设示范农场和实验基地、推动数字农业发展、推进有机农业等措施实现产业合作平台建设。例如，推动中俄农业废弃物的资源化利用，例如生物质能源生产、有机肥料制备。通过技术合作，实现废弃物的循环利用，减少环境污染。

第二，在政策层面，中俄可以加强绿色农业政策的协调与对接。共同研究和制定促进绿色农业发展的政策，包括财政支持、税收政策、市场准入等。通过各类媒体和社交平台，加大对绿色农业的宣传推广力度，提高社会对绿色农业的认知度和支持度。同时，强调绿色农产品的品质和环保优势，增强其在市场上的竞争力。通过建设中俄绿色农业合作平台，双方能够更好地整合资源，促进中俄绿色农业合作与市场扩展。

第四篇　结论与展望

第十二章

结论与展望

一、研究结论

随着全球社会对可持续发展和环境保护的日益关注，中国、蒙古、俄罗斯三国农业合作的绿色发展成为一个需要关注的议题。本书围绕"一带一路"建设实践，阐述中蒙俄农业合作的事实与基础，剖析指出中蒙俄合作机遇、合作的困境与农业绿色发展路径。

研究发现：在当前全球经济格局下，中蒙俄三国具有广阔的农业发展潜力。三国在农业资源、技术水平、市场需求等方面互补性强，为合作提供了良好的基础。但是对蒙俄农牧业领域投资以种植、养殖为主，受气候、新冠疫情等影响较多，投资风险大。蒙俄中资企业高端农畜产品生产、加工能力不足，需要不断提高投资效益。具体来说，本文研究结论如下。

1."一带一路"背景下，中蒙俄三国加强农业绿色合作，有助于实现绿色农业可持续发展

首先，中国农业发展较快，为中蒙俄农业合作提供农业基础和贸易基础。蒙古的广袤草原和俄罗斯的丰富农业土地形成了良好的补充关系。三国在农业资源上存在巨大的互补性。中国的技术、资金和市场需求，与通过资源共享和合作，可以提高农业生产效益，实现农产品的优势互补，满足各国不同层次的市场需求。

其次，中蒙俄三国通过加强农业科技的交流与合作、共同投入研发力量，推动现代农业技术的创新，有助于三国农业的现代化和可持续发展，提高全球市场竞争力。例如，可以共同研究耐旱、抗病的新品种，推广高效的耕作和养殖技术，共同面对气候变化和自然灾害的挑战。这样的合作不仅有助于提高各国的农业产能，也有助于确保农产品的质量和安全。通过共同投入研发力量，三国可以加速农业技术的创新，提高生产效率。

总之，中蒙俄三国在农业方面拥有独特而丰富的资源。通过资源的互补、技术的共享与市场的拓展，三国可以共同应对全球农业面临的诸多挑战，实现可持续发展。这种合作不仅有助于提高各国的农业产能和质量，也为全球农业的绿色发展提供了有益的经验和范例。中蒙俄三国加强农业合作，将在农业领域展现出独特的合作潜力。

2.“一带一路”背景下中蒙俄农业合作仍具有较大的拓展空间

第一，加强贸易便利化，持续拓宽农产品国际流通市场。“一带一路”倡议通过基础设施建设和贸易便利化，促进了三国之间的经济联系。中国、蒙古、俄罗斯三国可以共同制定贸易规则，促进农产品的流通，实现农产品的有序、高效交换，有效刺激国际与国内农产品市场需求。

第二，在农业绿色科技与技术合作方面，三国具有巨大的优势互补与合作潜力。同时，也存在一些合作难题，如因劣质自然资源导致的边境区域农牧业的合作层次偏低，无法充分满足当地农牧民对农业技术的需求，政府对农业技术合作支撑政策的缺乏等。可以通过政府主导、多方参与的农业绿色技术发展合作模式，通过共建共享，加强农业科技的交流与合作，推动现代农业技术的创新，提高绿色农产品全球市场竞争力。

第三，通过加强对外合作农业企业社会责任，实现农业绿色合作可持续发展。“一带一路”倡议鼓励各国之间的人文交流。通过农业科技培训、经验分享和人才交流，三国可以更好地借鉴彼此的经验，提升农业从业人员的技能水平，推动农业合作走向更加深入和广泛的层面。通过提升农业合作水平与合作层次，加强履行涉农企业在蒙古与俄罗斯当地的社会责任。从而在通过农业合作实现自身商业追求的同时，实现国家间的互利共赢和可持续发展。

二、研究展望

当前正值全球公共卫生危机的关键时刻，要按照人类命运共同体的理念，加强多边合作，在联合国粮农组织(FAO)、世界粮食计划署(WFP)、国际农业发展基金(IFAD)等联合国系统以及“一带一路”倡议、中蒙俄经济走廊等合作机制框架下，加大对蒙古和俄罗斯农业发展支持的力度，重点加强农业生产信息共享、经验交流、技术合作、政策协同，推动中蒙俄农业合作和农产品贸易。在复杂性和不确定性的背后，孕育着新的可能性。农业绿色合作将为中蒙俄国家合作带来新机遇。

随着“一带一路”建设的逐步推进，中蒙俄三国农业绿色合作不断深化。值此时期，需要深入甄别农业投资风险，创新监管引导举措，充分利用当地营商环境，将有助于提高投资主体获益水平，有助于优化投资总体布局。

第一，气候变化对农业生产带来的不确定性是重要的农业国际合作风险因素。干旱、洪涝、极端温度等极端天气事件可能对农作物和养殖业产生负面影响，影响产量和质量。此外，自然灾害的频发可能导致农业基础设施的损害，进而威胁食品安全。

第二，中蒙俄三国在食品安全标准、监管机制和质量控制方面存在一定差异，需要制定统一的标准和监管机制，提高农业合作可持续性。

第三，农业项目通常需要大量的资金投入，而金融风险和投资不确定性成为合作的重要挑战。汇率波动、资金流动性不足、投资回报周期过长等因素都可能影响到农业项目的可行性，增加投资风险。

在面对这些潜在风险时，中蒙俄三国应该采取积极有效的风险管理措施，建立国家层面、使馆层面、行业协会层面的风险预警机制，对风险较大的投资领域及时给予关注和警示，以避免对蒙投资的经济损失；建立健全的合作框架、加强信息共享、规遍政策风险、加强气候适应性等，以确保农业合作的稳定和可持续发展。

总之，"一带一路"倡议为中蒙俄三国农业合作提供了良好的机遇。通过共同努力，三国可以在农业领域实现互利共赢，推动农业的绿色发展，为地区和全球农业可持续发展注入新的活力。

参考文献

[1] 张庆萍，邓羽佳，罗晓琪.俄罗斯与哈萨克斯坦农业支持水平及支持政策比较研究[J].世界农业，2021（2）：19-26，131.

[2] 李爽，祖歌言.中国对俄罗斯农产品出口贸易效率研究：基于"一带一路"背景[J].价格月刊，2021（1）：30-37.

[3] 张弛，顾倩倩，Самбуева Д.Ц-Д.中国与俄罗斯远东地区农产品贸易互补性与潜力分析[J].价格月刊，2020（9）：28-35.

[4] 鲁俊辉."一带一路"背景下中国企业对俄罗斯农业投资的特点、变化及问题[J].对外经贸实务，2020（7）：85-88，92.

[5] 李秀蛟.俄罗斯发展有机农业与中俄在该领域合作前景初探[J].北方园艺，2020（2）：162-169.

[6] 赵澍，孔德洲，姜晓菲.俄罗斯第二次农业普查重点数据解析与启示[J].山东农业大学学报（自然科学版），2019，50（6）：1104-1107.

[7] 于欣."一带一路"倡议下中国企业赴俄罗斯农业投资现状及分析[J].学术交流，2019（11）：189.

[8] 龙盾，陈瑞剑，杨光."一带一路"建设下中国企业赴俄罗斯农业投资现状及分析[J].世界农业，2019（9）：96-103.

[9] 孙红雨，佟光霁.俄罗斯绿色贸易壁垒对中俄农产品贸易的影响[J].江西社会科学，2019，39（3）：77-85.

[10] 文峰，杨逢珉.出口产品向量空间权重矩阵构造及扩展边际空间效应分析：基于俄罗斯农产品进口市场的实证研究[J].华东理工大学学报（社会科学版），2019，34（1）：82-92.

[11] С.巴尔苏科娃，肖辉忠.俄罗斯经济与社会政策的当代选择：以农业政策为例[J].俄罗斯研究，2018（5）：77-96.

[12] 张红侠.俄罗斯农业：经济增长的新亮点[J].俄罗斯东欧中亚研究，2018（3）：37-51，155-156.

[13] 刘玮琦，袁淑珍，陈超，等.内蒙古口岸农业"走出去"俄罗斯返销粮食疫情分析及建议[J].植物检疫，2018，32（2）：69-73.

[14] 曲昊月，肖金波.俄罗斯区域农业经济空间异质性研究[J].俄罗斯研究，2017

（6）：140-176.

[15] 孙玉竹，闫琰，杨念，等."一带一路"倡议下俄罗斯农业支持水平及政策分析：基于OECD农业政策框架[J].世界农业，2017（11）：104-111，264.

[16] 李根丽，魏凤.中国与俄罗斯、哈萨克斯坦农产品贸易特征分析[J].世界农业，2017（11）：138-145.

[17] Автор Легина Марина，钟欣.俄罗斯农业发展前景探析[J].世界农业，2017（11）：190-191.

[18] 奥里耶特·穆克斯，刘鸿燕.俄罗斯农业在世界经济中的发展趋势[J].世界农业，2017（10）：188-189.

[19] 彭亚骏，崔宁波.中国东北地区与俄罗斯远东地区农业合作影响因素分析：基于层次分析法[J].黑龙江畜牧兽医，2017（12）：5-11.

[20] 巨慧慧.俄罗斯农业政策评析[J].学术交流，2017（6）：221.

[21] 杨兴锐，齐二娜.我国农业对外投资区位选择及应对策略[J].农业经济，2019（3）：46-48.

[22] 苏珊珊，霍学喜，黄梅波.中国与"一带一路"国家农业投资合作潜力和空间分析[J].亚太经济，2019（2）：112-121，152.

[23] 郭鸿鹏，吴頔."一带一盟"视阈下中俄农业合作发展研究[J].东北亚论坛，2018，2705：83-95，128.

[24] 汪晶晶，马惠兰，唐洪松，等.基于BP神经网络的中国对外农业投资环境评价[J].华东经济管理，2018，32（6）：85-90.

[25] 丁宝根.中国对俄远东地区农业投资动力、风险及策略[J].对外经贸实务，2018（12）：76-79.

[26] 刘佛翔.对中俄农业合作中的共识与分歧的研究[J].农业经济，2018（8）：15-17.

[27] 韩振国，徐秀丽，贾子钰."一带一路"倡议下我国对外农业合作空间格局的探索[J].经济问题探索，2018（7）：98-104.

[28] 金三林.我国农业对外投资的战略布局与重点[J].经济纵横，2018（7）：68-75.

[29] 刘佛翔，苏尔托诺夫·苏合洛伯，伊丽娜·安东纽克.西方国家经济制裁背景下的中俄农业合作前景探析[J].农业经济，2018（1）：135-136.

[30] 刘乃郗，韩一军."一带一路"农业合作发展的意义与前景[J].人民论坛·学术前沿，2017（12下）：82-85.

[31] 王博，朱玉春.中国与"丝绸之路经济带"沿线国家农业合作前景分析：基于优

势互补性与合作路径视角 [J].中国流通经济，2017（11）：103-111.

[32] 马述忠，任婉婉，吴国杰.一国农产品贸易网络特征及其对全球价值链分工的影响：基于社会网络分析视角 [J].管理世界，2016（3）：60-71.

[33] 李富佳，董锁成，原琳娜，等 "一带一路" 农业战略格局及对策 [J].中国科学院院刊，2016（6）：678-688.

[34] 李杨，贾瑞哲.以 "一带一盟" 对接促中俄经贸有效合作 [J].东北亚论坛，2017（4）：53-65.

[35] 刘悌翔，СуЛтоНов Сухроб，Ирина Антонюк.西方国家经济制裁背景下的中俄农业合作前景探析 [J].农业经济，2018（1）：135-136.

[36] DEL PRETE D，GIOVANNETTI G，MARVASI E. Global value chains participation and productivity gains for North African firms[J].Review of world economies，2017：1-27.

[37] CHEN Y，LI X，WANG L，et al. Is China different from other investors in global land acquisition? Some observations from existing deals in China's Going Global Strategy[J]. Land Use Policy，2017，60：362-372

[38] 申凯红，赵金鑫，田志宏.蒙古农产品对外贸易及中蒙双边贸易分析 [J].世界农业，2018（4）：17-22，195.

[39] 韩振国，徐秀丽，贾子钰."一带一路" 倡议下我国对外农业合作空间格局的探索 [J].经济问题探索，2018（7）：98-104.

[40] 申凯红，潘彪，刘丽佳.中蒙牛羊肉贸易的发展机遇与制约因素 [J].中国畜牧业，2018（20）：38-41.

[41] 原瑞玲，翟雪玲."一带一路" 背景下中国与蒙古农业投资合作分析 [J].中国经贸导刊，2017（15）：40-43.

[42] 宝音都仍，其勒格尔.基于空间经济学的蒙古国农业产业集聚与区域差异 [J].内蒙古社会科学（汉文版），2017，38（1）：184-189.

[43] 程云洁，武杰.中国与巴基斯坦农产品贸易发展研究：基于竞争性与互补性的实证分析 [J].新疆财经，2017（4）：11-19.

[44] 于浩森.加强中蒙农业合作的思路探析 [J].世界农业，2014（11）：73-75，93.

[45] 阮如朋.中越农产品贸易竞争性互补性研究 [D].哈尔滨：东北农业大学，2017.

[46] 马晓蕾.中蒙农业合作问题研究 [D].长春：吉林农业大学，2018.

[47] 刘芸芸.CAFTA 框架下中国与东盟国家农产品贸易竞争性与互补性研究 [D].昆

明：云南大学，2017.

[48] 特木伦. 丝绸之路经济带背景下的蒙中经贸合作问题研究 [D].桂林：广西师范大学，2016.

[49] Ichinkhorloo Buyantogtokh. 蒙古国肉制品加工企业发展研究 [D].长春：吉林农业大学，2016.

[50] 李晨. 中国与丝绸之路经济带六国贸易竞争性与互补性研究 [D].开封：河南大学，2016.